宗平協ブックレット❷

平和の祈りを行動の波へ

『宗教と平和』500号記念座談会

日本宗教者平和協議会 編

本の泉社

巻頭言

代表委員　平山武秀

一九六三年一月二五日、壬生照順先生を編集・発行人代表として始まった『宗教と平和』誌が、四七年間号を重ねて、ついに五〇〇号に達した。実に感無量である。その時代その時代、責任を負ってくださった方々に心から感謝を申し上げたい。

ところで、物事は何事でも長く続けているとついマンネリ化しがちであるが、本誌は不思議にもそうではなかったし、今もそうではない点を私は評価したい。その理由として私が特に深く思わしめられることは、本誌が、日本宗教者平和協議会それ自体が、「この世」を超えた見えざる世界に根をおろしているという事実である。単なる「平和運動」ではないのだ。宗教の深みから必然的に涌き起こってきた運動であり、本誌なのである。それゆえ変転極まりないこの世の全ての現象、社会の中に日々生起する具体的な一つひとつの出来事に対して、「人間を超えた次元からの意味付け」（田中教照・「大法輪」第七六巻）がなされてきたのである。換言すれば、見えざる世界に溢れる豊かな泉の水を日ごとこの世へと汲み上げつつ、宗平協そして本誌の働きが営々として続けられて来たということである。だからマンネリズムに陥る暇などなかったのである。

さて、本誌はまた、「五〇一号」から新たな歩みを始める。いにしえのユダヤの賢者の言葉に、「毎日、今日があなたの最後の日だと思え。毎日、今日があなたの最初の日だと思え」という一節がある。この『宗教と平和』五〇〇号の中には、過去五〇〇巻にわたる本誌の全体が凝縮されていると言ってよい。その意味では、この五〇〇号はまさに『宗教と平和』誌の最終号であり、完結号である。けれども、その「完結」は同時に「開始」を意味する。

英語の〝コメンスメント〟(卒業式)という言葉は、同時に「開始」という意味を持つことを私は今思い起こす。五〇〇号をもって見事に完結した本誌が、次の五〇一号から新たなる歩みを力強く踏み出すことを期待したい。

(二〇一一年五月号『宗教と平和』五〇〇号より)

宗平協ブックレット　№2
「平和の祈りを行動の波へ」
――『宗教と平和』五〇〇号記念座談会――

目　次

『宗教と平和』通巻五〇〇号達成記念座談会

二〇一〇・一・一八　横浜

（司会者　平沢）

みなさん、あらためて新年明けましておめでとうございます。（おめでとうございます）

新しい年二〇一〇年を迎えました。日本宗教者平和協議会が結成されたのが一九六二年の四月一一日、機関誌『宗教と平和』が今年の五月で五〇〇号、二年後の二〇一二年には結成五〇年を迎えることになりました。今日は、これまでの運動を振り返り、これからの展望についての座談会ができればと思います。

話していただきたいことはたくさんあるわけですけれど、今日は宗平協結成前後・信教の自由・核兵器廃絶・憲法問題・国際連帯・人権問題、そして最後に今後の展

司会・平沢功副理事長

望をテーマとして話を進めていきたいと考えています。一時半から五時半までですので、皆さん均等の時間配分でということにはいかないと思いますけれども、お一人約三〇分から四〇分位を目途にご発言、ご提言をいただければということで進めていきたいと思います。

日本宗平協の結成宣言の言葉を拾ってみると、侵略戦争に対する懺悔、愛と慈悲の教えに生きようとする宗教者、軍備なき平和な世界の実現、宗教者の祈り・願いの言葉があり、また核戦争の危機、自衛隊の増強、平和憲法の空文化、国家神道復活、宗教の戦争政策への利用など宗教者として座視できない情勢を表す言葉が出て来ます。また冒頭には京都で開かれた世界宗教者平和会議の開催などがあげられています。それらが結成にいたるまでの大きな要因であったように思いますが、最初に「宗平協結成前後」のところを鈴木徹衆さんにお話し願えればと思います。

ベイブリッジ一望の公園より

一　宗平協結成前後
――たたかいのなかで、宗派・信仰の違いを超えて

（鈴木）

今日は、宗平協にとりましても大変歴史的な座談会になるのではないかと思います。私もちょっと体調を崩しておりまして、今日は出られるかなという思いでいたのですけれども、幸い、娘が看護師としてついて来てくれることになりましてありがたく思っております。二日間参加したいのですがどうしても明日、寺の用向きも出てきてしまいましたので、今日懇親会までお付き合いさせていただいて、その後、失礼したいと思います。きっとおそらくあの会に出ておいてよかった（笑）ということになるんではないかと思っていますが。

宗平協の結成前後というテーマですが、前というのは、もう本当にここに歩みとして作ってきた資料の中に、一九四五年、さかのぼれば戦争中にもなるんですけど、戦後から見ますとこのところの第一期のなかに、一九四五年から五一年まで。これは一つの区切りとして設定できると思います。で、特にこの中で指摘されてる部分もあるんですが、大変重要な部分として忘れてならないことがあります。一九四五年の八月の終戦の月、その一七日ですね。終戦が八月一五日ですから二日後の、東久邇内閣が時の文化閣僚の一人として賀川豊彦氏を任命する。そして戦時宗教報告会の幹部を集めて、いわゆる戦後日本復興のための日本再建宗教綱領といったようなものを作成する。恐らくこれは侵略戦争そのものの反省というのはぼかして、一億聡懺悔運動というものを発するんですね。完全に国体護持という新たな国民運動としての第一が宗教利用から始まった。戦後の日本再建運動のうち、ここにすがるしかないんですね。そういう状況下の中では。第一はそうであったということを、中濃教篤氏が『近代日本の宗教と政治』という本の中で、詳しく述べられております。忘れてならない我々の大変重要な出来事、いわゆる政治、宗教の政治利用というのから戦後は始まっている、ということが一番気に

なっていた、私自身気にしておかなければならない問題という風に思っていました。そして同時に、新興仏教青年同盟の運動が治安維持法で弾圧をされて、それから戦後一九四五年解放されてから、仏教革新同盟を結成するんですね。生き残った新興仏教青年同盟の同志たちが決起する。その新興仏教青年同盟の仲間たちの中の人たちが、各宗教団民主化運動に取り組む。ですから非常に早かったのは一九四六年一番最初に出来たのが天台宗革新同盟。まあ、壬生さんがいらっしゃったからかなと思いますけど、早くもそういうことで教団民主化同盟は天台宗がトップを切って、その後京都を中心として浄土宗革新同盟、それから日蓮宗、東西本願寺の革新同盟、こうした運動が教団、まず教団改革運動と言うのが起こるんです。非常に注目すべき問題です。それで五一年、朝鮮戦争前夜で占領政策が大逆転して共産党中央委員会解散、赤旗発行禁止、レッドパージの嵐、そういう大弾圧が戦後四年目にして吹くわけです。

そういう中で、教団民主化運動はどうなっていくのか。教団民主化運動の中で一つのねらいと、課題の一つとなったのが、戦争であれほど戦争に協力した戦犯的な教団官僚、あるいは親鸞の教えを曲げてですね、そして戦争に協力した教団自身の罪、教団の脅迫状の罪、こうしたことをやった人間を糾明すると。教団から追放しなきゃいかん、というような、「反動教授追放」とここに書いてありますけど、仏教大学、これは学術面でもそうですけど、教団の管長、それから教学局長、そういったところで責任を持った人たちに対する戦争責任の追及。それに伴う教団の機構の改革をしなくてはいけない。そのままじゃ戦時体制のまま、封建的教団のままでいいのかと。そういうことで、そういう戦犯的な仏教系大学の教授たちの追放、あるいは教団幹部の入れ替えをしなくてはならないだろう、このままでいいはずがない。だから当然本願寺、我々の宗派で言えば寺格堂班制というような風に真宗教団らしからぬ封建的な制度。僧侶に対する僧侶の階級も一三階級もあるというような状況で、いまだにありますけど、そういうような問題を改めていこうということです。

当時各宗派の中で、それだけの民主化というだけでな

鈴木徹衆前理事長

くて、実は戦前、いや江戸時代からある宗派内の争いをこの際解決しようと。例えば、知恩院は当初、増上寺派の浄土宗における派閥問題、「こっちが増上寺が主である」「いや知恩院だ」というような争いに終止符を打つような運動にしていこうというような。曹洞宗で言えば鶴見派と永平寺派というような問題でもある。歴史的な確執の問題。これもこの時に何とかしようという。東京で身近な例で言うと、浅草観音さんは天台宗で上野寛永寺に従属的な関係であった。しょっちゅう寛永寺にお伺いを立てなければ行事一つのやり方もいかんというような従属的な関係にあった。ところが、庶民的なところで将軍なんかはですね。「おしのび」で浅草寺参りをする、浅草寺前だかその裏の方だか知らないですけれど、たびたび来るという。その中で、その時の費用なんかも一応書いてある。浅草寺日誌というのが毎年一冊ずつ、古い記録を本にしたのがあります。その古い記録を読むと面白いんですけども、そういうような特に目立つのは、寛永寺との従属関係です。それで、戦後いち早く寛永寺との従属関係を絶つということで、天台宗を離脱して、聖観音宗を名告る。聖観音宗として独立するのは経済的な問題とばかり言われていますけど、そうじゃなくて、実はそういうような江戸時代からのしがらみから解放されたいと、そういう要求もあったようです。それらの絡み合った、教団、革新民主化運動、ちょうどその占領行政の上でも、公職追放、戦時教育した軍国主義的な伝統で国民を煽った文化人・学者等々いろんな人たちの公職追放が始まる。これと合わせた様にそういう戦犯的学者、こういう人々の追放運動に相当激しい運動が行われてくるわけですが、なんとわずか四年で転換されてくることになるのです。今まで教団幹部を追及してた人たちが、今度は逆に赤い教授の追放、赤い分子の追放、教団の活用、糾明とか糾弾の対象とかにされてたような教団幹部が逆に息を吹き返してきて、民主化運動に対しても圧迫する。

逆に教団の中でも弾圧するという様な力を得てきてしまう。これはもう権力の逆転による大きな転換、こういうことがある。したがってそういう中で、もう朝鮮戦争を境とした時代ですから、そうした運動がそこで潰えていく。大谷派教団革新運動も、当時の訓覇総長などは、既にその当時から一生懸命、そのすばらしい革新綱領を作った。これも中濃教篤さんもそれに注目してまして、大谷派の革新運動の中で掲げた綱領を、先ほど紹介した本の中に述べています。紹介するに値する内容であるということで紹介してますのでご参考にしていただきたいと思います。それが後でまた生きてくるんですね。時間の中で。その後に生きてくるんです。

そういうわけで五一年までに教団革新運動と同時に今度は、教団各派の各教団のみにしか改革運動と横になって一つになって連携してかなきゃいかんという雰囲気が出てきて、全国仏教徒革新同盟が結成されていくんですね。これは横の連帯なんです。横の連帯しないと危なくもなっていった。そういう風に。レッドパージの嵐の中でした。戦犯的教授の追放から赤の教授の追放へと変わっていくという中で、全国仏教徒革新同盟＝横の連帯をしなくてはならないもの＝ができるんですが、五〇年のような時代、朝鮮戦争前夜になっていく中で、妹尾義郎・新興仏教青年同盟の委員長、各宗派の改革運動をやっている人たちもそこに参加する。そればかりか、地方仏教部の人たちもそこへ参加するというようになってくる、大変な勢いになるんですね。ちなみに仏教革新同盟といってた、戦後いち早くできた新興仏教青年同盟の生き残りの同士たちで作った勢いというのはですね、その当時最初の選挙、終戦後国会議員を当選させる、あるいは県会議員も当選させる、地方の市町村議員なんかも当選させるという政治勢力になるほどの力を持っていたんです。ここで大変だなと思ったんですね。すごいね、当選者数の数が。そこに書いてあります。

それぐらいの大きな組織力を持っていたんですね。それから革新同盟がさらにその教団改革運動といって全国へと革新同盟が新たに組織されていく。意識的に改変されていくと。さらに膨れ上がるんですが、その中には様々な要求を持った仏教徒がいる。お互いに仏教ももう少し軟らかく運動をやろうよと。戦時中の翼賛運動じゃなくて、新しい民主的な横の連帯を強化しようって意味の新しい仏教会を、仏教連合会を、地域仏教会を作ろうという動きと、そんな生ぬるい事をやってちゃいかんという動きもあった。地方もそれだけね、だんだん雲行きが怪しくなってくるような。憲法擁護せよ、戦争反対。朝鮮戦争反対って。ダレスが朝鮮から日本に来た時に、ダレス国務長官に向かって、要求をそういうところの代表、全日本の代表に突きつけた。キリスト教の関係の方々あるいは婦人代表の方々などは、憲法を守って日本は中立だと。戦争にどうか巻き込まないでくださいと、日本を。というようなのが共通した要求で。しかしどうにもならない。大勢がね、国際的大勢がね、ますます反共の砦として日本を再軍備化していくという動きが強化された中で、朝鮮戦争後、サンフランシスコ条約、その前後に、日本の単独講話か全面講和という大激論が展開された。

そうした経験の中で、五一年以後に仏教徒平和懇談会、日本キリスト者平和の会というのが結成されるんですが、仏教の方で言うと、そういう五〇年代、朝鮮戦争前夜、弾圧などやなんかで逆転してしまった経験などを踏まえて新たに仏教徒平和懇談会ができるんですが、これは全国仏教徒革新同盟が解体分裂して、妹尾義郎委員長をはじめ急進派と今言ってもいいような人たちが日本山妙法寺といっしょになって、平和革新同盟の総評と一緒になって日本平和革新同盟かなんかを作るんです。それで壬生さんかなんかは仏教徒平和懇談会とこういう風に、こう別れていくんですね。総評と一緒になってね、靖国神社で平和大会やったりしても長続きしないんですね。労働組合とは、なんかいいようでね、新興仏教青年同盟が掲げた労働運動や小作人闘争などでも、小作人の立場にたっての運動なども全然進められていかなかった。こうした名残で戦後も労働者階級と共にという傾向もあったんですが、あまりにも求心性がなかった。私も一度ちょっと佐藤行通さんに引っ張られて、三越のストの時に連れて行かれたことがあったんですよ。ストを応援に。坊さんがストを応援に行くって、どんなんだろう。私らは若くって、あんまりよくわかんなかったけど、とにかくあの、行通さんの後について行った。

そういう時代を迎えて、運動をもう少しね、もっと例えば教団革新運動にしても、その宗派の末寺の状況や多くの僧侶を、自らその運動の中に組織化する方が遅れていたと。そういう反省もあってもっと仏教徒を、信徒・大衆まで含めて緻密な組織を背景とした、力を持たないと、自分たちだけが急進的な、かっこいい坊さんになってて、振り返ると誰もついてきてないじゃないかと。……既に五〇年代の結成、仏教徒平和懇談会の結成当初から……自分たちがそれ以前にやってきた運動はなんだったんだろうと。力の無さとか挫折したのは、単に占領政策が転換しただけだっただろうかということの反省の中で、もう少し宗派、あるいは地域、そこにもっと地道に根を張り、より教団の状況や、末寺や一般の寺院における経済的な問題から、より客観的に分析をして、その上に立って多くの僧侶と一緒に出来うるような方針を持っていかなくてはならないんじゃないかということが論議されてくるんです。

そこで変わってくるので、五一年から六〇年までが前期。宗平協前史を二つに分けるとそうなるんですね。五一年から六〇年。あるいは六一年までの一〇年間、一一年間ですね。世界宗教者平和会議の開催にいたるまでの一一年間の運動の特質、特徴。これは朝鮮戦争という、ひとつの大変な経験を経た上で、弾圧と、それから

2002年3月10日（毎月1回10日発行）1966年4月12日第3種郵便物認可　宗教と平和　第402号

宗教と平和

THE RELIGIONS AND PEACE

2002年3月号

発行
日本宗教者平和協議会
東京都文京区湯島3-37-13
〒113-0034　TS第７ビル502号
TEL/FAX　03-3832-0842
発行人　鈴木徹衆　購読料1部250円

そういう中で朝鮮戦争前後のサンフランシスコ体制、それから日米安保体制、こういうものの中でいろんな運動観を味わっていく。改めて占領行政時代は違った五〇年代の運動が始まっていく、広まっていくのです。日本山妙法寺の中にも出てる基地闘争や、さらに、世界平和者日本大会なども、五四年の三月に日本山妙法寺の提唱で開かれていく。そこには、平和主義・非暴力主義、ガンジーイズムを中心とした非暴力運動、そこに世界平和者日本大会を国際的な規模で開く。開いてその最中にビキニ事件が起こって、第五福竜丸の久保山愛吉さんの病床にその大会の代表がお見舞いに行くということがあったんです。五〇年代の運動の広がり・あり方……片方で基地闘争がある。だから広く原水爆禁止運動の、五四年の三月一日をひとつの大きな境目として更なる広がりがあるんです。新しい宗教界の平和基準、原水爆禁止運動の広がり、こういうものと六〇年安保までのまたいろいろな運動の起伏があるんですね。それが非常に広がっていく中で、ご存知のように、沖縄にミサイルが持ち込まれるやら、安保の実態というのが六〇年安保に近くなってくると、だんだんだんだん解ってくる。ミサイルが持ち込まれる、そんな時どうしたものかとまだ、基地闘争をしながら、日米安保の改定によって、これ以上日本をですね、ひどくする。軍事国家・軍事大国化する。アメリカの対ソ戦略の最大の基地としてというように強化されてはかなわない、ということが広がっていくんですが、原水爆禁止運動の中で、日米安保改訂に反対という原水爆禁止世界大会の決定、決議が出たとたんにもう、こういうことを言うようでは国民運動にはならないというような意見が出る。そこでまた大転換が始まる。分裂が始まってくる。各国でね、今までこらえていたり、世界大会を超えて今まで申し出ていた者にも自民党からどんどん手紙がいく、こういう演出があったわけですね。原水爆禁止運動がこういうことを決議していくと国益に反するという、国民運動とは到底言えない特定の政治的偏見を持った運動であります、と。そんなことでこのような妨害がどんどん始まる。

政府の助成金も、広島だったか、その当時でさえ三〇万円あった、それもストップ。そういう中で仏教会も運動から身を引いて行くというような事が起こる。そういう論争下で、しかしまだ根強く、憲法の精神を守り平和な日本を創出しようという、新たに広がった五〇年代の広がりの中で、安保闘争にも参加する、平和主義を守るという宗教者の動き、そうした中で日本山妙法寺の世界宗教者平和会議を開催しようという提唱を受け止めるわけです。これも受け止めるというのは、京都の仏教協会、あるいは東京の世界日蓮宗立正平和運動本部、あるいは仏教徒平和協議会、それから五四年に結成された中国人殉難者慰霊実行委員会、そうしたことの新たな国際友好運動の、非常に幅の広い仏教徒が結集をしたんです。まあ、ここでは仏教ばかりにかたよっておりますけれでも、キリスト教の方はまた後で補足していただきたいと思います。こういう中で日本山の呼びかけに応えていきます。これ、日本山も既に基地闘争をしながら、広く世界に仏舎利塔を建立し、各地に仏舎利塔を平和塔として、法華経の精神・仏教の精神を象徴するものとして供養仏舎利というスローガンで各地に仏舎利塔を建てる。こういうような動きと一緒に国際的な連絡網を非常にたくさん持てたわけですね。こういうようなこと呼びかけで応えていこうということで立正平和の運動と連帯していく。大本人類愛善会等、各教団レベルで協議会ができて、そして、準備委員会が始まっていく。京都に関西事務局が置かれ、財政的にはね、六〇年代は大変みんな逼迫してるんですよ、まだ。予算の三分の一は日本山が出すと。三分の二は他教団のみなさんで持ってくださいという風な話になって。そりゃそうだ。そのくらいのもんでなけりゃ、おかしいじゃないか。日本山が三分の一を持つこと自体、もうちょっといかんという事で、あんまり公表されてる話じゃないですけど、実際はそうなんですよ。三分の一は日本山が持つと、それをひとつの力にしていこうと。でも、日本山にはあまり負担をかけては申し訳ないとの思いから、みんなで他にカンパも要請していこうということで動き、なんとか第一回世界平和会議の財政を確保していくんですが、それに現れているように、第一回平和会議には非常に多くの方々が協力をするわけです。

京都の、特に立命館や同志社や龍谷、仏教系やキリスト教系の大学の先生や学生の随分多くの人々の協力が得られることとなって会議を成功させることができたのです。そこで参加したビルマを含めた各国代表もよくまあ結集したもんだと。一六ヵ国といえども、アウシュビッツ収容所に収監されていた人々が腕にナンバーなど書かれた経験などを告白されましたけれども、第一回世界宗教者平和会議としては大変な成功をおさめることができました。自民党が、日本の原水爆禁止運動は、偏った特定のイデオロギーのもとで開催されたおかしな運動だという攻撃の前にさらされながら、原水協が国際遊説団をはじめて欧州各国に派遣した。その中でですね、一六ヶ国の各国の宗教者代表団が第一回世界宗教者平和会議が終わったあとでですね、全員が原水爆禁止世界大会に参加する。そしてその大会も成功させる。そのことの国際貢献、これもただね、国交回復していない中国や、ソ連、これがこの防衛に大変驚くんですね。それこそ公安警察が、それから右翼がと、特に中国代表に対して防衛にすごく気をつかいました。

そして、いまだに出来ない、他の宗教団体に出来ないことは、明確なことは、具体的に核兵器廃絶や侵略的軍事同盟を廃止しようじゃないかと、日米安保条約を廃棄しようじゃないかとか。具体的な課題をですね一七項目に渡ってずらっと並べられる。これはですね、いまだに規模はでっかいＷＣＲＰもできないんですね。大川先生が言われてますね、宗平協の特徴は、まず平和運動、宗教者平和運動の理念。第一回世界大会で見事に表した。しかも、宗教用語を使わずに、特定の宗教用語は使えないんですから、有名な『内なる心の平和と外なる世界の平和』という言葉もありますけれども、これは事実、前にもお話しもしましたけれども、仏教界の中での理論闘争の中から生まれてきたことは事実ですよ。

とにかくあれだけ、仏教徒では平和運動の動きが、平和が大切だと戦後言い出してから、朝鮮戦争前夜の弾圧の中でみんな引っ込めちゃって、心の平和論になっちゃうんですね。かつて曽我量深・金子大栄師が真宗、浄土真宗における平和論を論じていますけども、それでも結論は、「結局心の平和ですなぁ」という風になってしまうんですよね。がっかりしましたけどね。少しも変わってない。それでまあ、そういうような状況の中で苦労したんですよ、事実。

全日本仏教徒大会がありましてね、石川県金沢大会やなんかで、中濃教篤師は、「仏教徒は安保改訂に反対すべきである」っていう提案をするんです。大論争ですよ。だから全日本仏教徒婦人会の山本すみさんは、「とんでもない、あんたは共産体制のことを言ってる」と仏教徒大会の中で大激論ですよ。世界宗教者平和会議を成功させようという提案を会議の中で行うんです。そういうね、いろんな理論闘争の中から、出てきた言葉だってことなんです。

そしてそのもうひとつの文化遺産は、団結だと。その団結を競った。しかもね各界各層での団結、宗教者の団結も競いました。仏教革新同盟やら全仏教徒革新同盟などを結成しては、各スローガンを必ず掲げるんですね。労働者階級、あらゆる階層とも一致団結してやるんだけども、先ほども言ったように、そういうような試行錯誤の経験の上に立ってはいるんですけど。だから団結としての理念、科学性というのを非常に強調する。そりゃそうですよね、社会科学的な眼を持って政治情勢や社会の情勢を分析するという風な眼も我々は持たなきゃいけない。だから明確にしている三本の大きな柱のもとであれだけの大きな決議を得た。だから第二回世界宗教者平和会議が東京で開かれるようになるんですが、そこには、宗平協は結成するつもりはさらさらなかったんですよ。もう世界会議でヒイヒイしてね、くたびれ果てちゃって。ただ、国際代表団が、「これだけの会議を成功させてくれた日本の宗教者に敬意を表すると共にこれを永久的な常設委員会として、ぜひ守っていって欲しい」と日本に託したい、日本の宗教者に託したいということで、その海外代表の要求を受けて、五二年に日本宗教者平和協議会結成を四月に浅草寺で大会を開くということになってくる。これは本当に予想していなかったんですよ。それがまた五月の際に言っちゃうんじゃないかと、その決議というのは。海外代表がそう言ってるのは、そんなこと恐らく出来ないよと思ってたんですよ。でも、責任のあることで、三年後に開催しようとまで言ってるんだから、第二回開催をというようなことでした。

第三回がなぜ開けなくなったのかってことも大きな問題です。それはどうしても、国際常置委員会、常設委員会。この会議を開くにあたって国際的な協議機関としての常置委員国になってくれた中国、それからソ連、スウェーデンなど何カ国かアメリカも入ってますけども、そういう国々の中に常設委員会が常設委員を選出して会議開催についての協議をしていく。だから第二回のときなんかもう、中濃先生がお書きになってますけど、既に中ソ論争が始まってると。原水禁大会の時なんかは、ソ連の代表が会場から脱退するという事件の中で、中国側は相談は駄目だと。ソ連の代表と一緒なんかは到底出来ないと。第二回世界宗教者平和会議にソ連の代表を入れるとなれば、中国の代表も行かないと、こういうことになって、これはどうするんだと。ちょうど、鑑真和上の上映か何かの折、まあその時中国に日本の代表団が行って、その時中濃さんは中国の代表団、中国仏教会、中国側当局と話し合った時に、中濃さんがお亡くなりになる少し前に、この原稿になった佛教大学にその時の事が詳しく載ってます。中濃さんはその辺あんまり詳しく書きたくなかったんでしょうが、やっぱり書いておきたいという思いだったんだろうと思いますよ。事実、そういう風に血相変えて中国代表団が駄目だと、今度の場合は。ソ連を入れちゃ駄目だと。入れないならばいいと。だから我々を信頼して欲しいと。私たちの力でもって必ず成功させてみせると。代表も含めて成功させるなきゃ駄目だということをとうとう中濃先生と一緒に中国側を説得して、この第二回会議をやったんです。そういうことで事実成功するんです。これは大変だったんですよ。事実、起草委員会も徹夜でしたしね。ロシア正教会と中国側の代表とで過去に部分核停条約等々の問題以前から修正審議をどうのこうのね、そんなことより会議がまとまらないじゃないかと、大変な論争をしたわけですよ。そして、東京宣言にまでまとめあげた時には本当に劇的でした。

それで、第三回はついに駄目になったのは中国の「文化大革命」ですよ。これにはもうどうしようもないんですよ。相談する相手が中国にいなくなっちゃうんですよ。特に中国宗教界を代表してたのは中国仏教会会長の趙樸初この人は坊さんじゃなくて個人ですから俗人なわけですからね。どうにも「文化大革命」でもうどうにもならない。そしてそういうことで、第三回の期日も、中濃先生の中国抜きで開いてしまおうという意見と、中国は特殊な事情になっちゃったんだから中国抜きでいいじゃないかって言うけど、かつて第二回の時に一方が欠けてもまずいという様なことで、ソ連も中国も含めて成功させた。中国側を説得させた。中濃さんから言わせると、中国抜きのままやっちゃおうってのは、これは出来ないと。後で問題になるんじゃないかと。国際的に中国側からも問題になってくると。政治的な国際的な汚点を残すことになってはいけないと。ということで第三回はやめになった。だけれども、第二回世界宗教者平和会議の時に、ベトナム代表団の強烈な訴えを受けて、第三回はやれないけども、ベトナム戦争を中心にしたインドシナの平和と正義を守る世界大会がいいだろうと。我々はやろうという風な方向に行くわけですね。

(司会者)

ありがとうございました。大事な問題なのでもう少し他のみなさんで……。

宗平協結成のあたりで、皆さんいかがでしょうか……。

（橋本）

当時、私は北海道の基地の街、千歳・札幌にいました……。


（宮城）

新間先生の方が古くからかかわっておられたのでは……。私たちはベトナム戦争以降からになります。


（鈴木）

新間先生の関係では、世界でね、立正世界平和運動本部の日蓮宗自体が参加される中で進んでいかれたんですね。


（新間）

私は、初めからは積極的に参加してないんです。だから東京での大会・行事とかへは、行っていませんでした。神戸では、昭和二九年に日蓮宗が原水爆禁止運動を始めました。それで、これは参加すべきことだと思いました。署名が回ってきたら、すぐに署名集めの行動をしました。

座談会参加者

まだ直接、立正平和の会とかね、そういう中央の運動にはすぐに関わってはいなかったのです。何年か遅れて立正平和の会に入るようになったんですけどね。

(橋本)

大川義篤牧師、魚住せつ牧師、梶原清子牧師がそれぞれの取り組みをし、青木敬介師が播磨灘を守る環境運動に取り組み、今日まで奮闘して来られました。

(司会者)

次は信仰の自由の問題に入ります。まもなく「建国記念の日」を迎えます。各地でこの日には信仰の自由を守る二・一一集会が行われます。この日が施行されたのが、一九六七年です。これに続いて、一九六九年には「靖国神社法案」が国会に提出されました。五回にわたって国会に提出されましたが、一九七四年に廃案となりました。宗教界の靖国法案阻止の運動が大きな役割を果したと思います。

しかし、首相による靖国公式参拝、地方自治体による玉ぐし料の奉納などが行われて来ました。靖国神社合祀取り下げ訴訟が起きています。また首相が年頭に伊勢神宮に参拝するのが恒例になっています。自公政権から民主党政権に移りましたが、鳩山首相によって今年も行われました。信教の自由の問題が、あいまいにされて来たように思います。

自民党の憲法改正案では憲法二〇条も対象になっていますが、国及び地方公共団体の社会的儀礼、習俗的行為は、信教の自由に反しないと明記されています。戦前の神社は宗教にあらず、を持ち込んで宗教利用しようとしていることが見え見えです。信仰の自由の問題は宗教者として、教団として、しっかりと取り組まねばならないものと思います。この問題で話し合っていただきたいと思います。日隈さんの方から先にお願いします。

二　信教の自由と宗教者のたたかい

（日隈）

じゃあ少し立場が違いますが発言させていただきます。私は、「宗教研究者」と紹介されましたが、「お前と宗平協との関係はどうなっているのか」とよく聞かれます。私は信仰者ではないから宗平協の会員ではないのですが、宗平協が結成された一九六二年、その前の年に「宗青協」が結成されました。「宗教青年平和協議会」。私はこのメンバーだったわけです。私自身、当時、科学的社会主義者たらんとしておりましたが、同時に、求道的な面も私の中にありましたので、宗青協に参加したわけです。座談会に出席するために、古い『宗教と平和』を見ておりましたら、一九六四年の第七号にですね、六四年に三・一墓前祭を宗平協が主催する、そのための準備委員会が出来て、準備活動をやるわけですが、その準備委員の中に私の名前が載っていました。だから、宗平協活動もしていたことになりますね。

もちろん宗平協には結成当初から関心を持っておりましたし、集会にも参加していたわけでありますが、司会の問題提起でいいますと、「信教の自由」の問題、これは宗平協の結成宣言の中に「さいきんは国家神道復活の動きなど宗教を戦争政策に利用しようとするたくらみと云々」と謳われているわけです。宗平協の結成宣言は一三の項目にわたって決意を表明しているわけですが、この五番目の項目に「信教の自由擁護」というのがあります。つまり宗平協は、結成当初から信教の自由を擁護する、これを大きな柱の一つとして運動してきたのです。

この国家神道といいますのは、申し上げるまでもなく戦前の絶対主義天皇制をイデオロギー的に支えたものであります。イデオロギーと同時に制度的にも、学校教育その他でも国民を支配したのでありますが、当然戦争が終わって、アメリカ占領軍は、その宗教政策の第一の眼目に国家神道の解体ということを置いた訳です。これが日本軍国主義を支えたものであるということでですね、一九四五年一二月に神道指令というものが発せられまし

日隈威徳氏（宗教学者）

た。そして日本国憲法は一九四七年五月に発布されますが、この中でも信教の自由と政教分離の原則が謳われました。ところが、国家神道と言うのは言うまでもなく伊勢神宮を本宗として全国の神社を格付けして組織されたものでありましたが、この神社が一般の神社にいわば転化していくのですけれども、その中で神社界では、神社本庁というのを作って宗教法人としてやっていくようになるわけです。名称が本庁、つまり自分たちは戦前の国家神道を引き継いだ役所的な存在なんだということ、名称からして露骨に出している。だからつい最近でも、民主的なと思われる人で、「え、神社本庁、神社庁……地方各県にあるのは神社庁ですが、あれ役所じゃないんですか」と言う人も、未だにおられる状況で、それを狙ったわけです。旧貴族と神祇官僚出身ですね、それが指導層を形成しておりましたから、こういう国家神道の解体によって諸宗教が自由を持ち、そして自由な宗教活動を行う、そういう中にあっても、また国家神道を復活させようとする動きも最初からあったということです。

一九五〇年、五一年ごろまでの期間に、朝鮮戦争開始前後から逆コースと当時言われてた、そういう中で、国家神道復活の狼煙が上げられていきます。

最初は伊勢神宮の公的な性格を強めるという事から始まりますが、今お話にあった紀元節の復活、紀元節と言いますのは二月一一日に日本が建国したという神話の虚構に基づいた戦前の祝日。それを復活させようとする動きが始まりました。最初に言い出したのは吉田首相でありります。一九五一年の三月に参議院予算委員会で「独立後は紀元節を復活したい」と発言しております。これが一つのきっかけになります。そして当時の自由党、それから神社本庁などが運動を始めてまいります。そして一九五七年から始まって、何度も祝日法改正ってやってですね、つまり紀元節を復活させるという、その法案が上程されますけれども、その度に廃案になります。その間、歴史学者などを中心に反対運動も活発になってきましたが、六五年の八回目の上程が流れた前の年、六四年二月の法案上程に対して宗平協は反対声明を出しており、『宗教と平和』にあります。宗平協はそういう意味で法案上程に対して早くから反対表明していました。法案は六六年に改正案がまた上程されまして、自民党と社会党と民社党とのいわば手打ちが行われたわけです。そして衆議院では日付は何日と決めない、後の審議会に任せると。そうしておいて、祝日法は改正して云々と、そういう記念日を作るということをやった。この時の衆議院では反対は共産党だけだったんですが、参議院の社会党がいわば内乱といいますか、党の方針に反しまして反対に回って、大いにもめたんですけども結局通ると。そうして六ヵ月後に審議会が、これは菅原通済という右翼の文化人ですが、この人を委員長とする審議会が二月一一日を建国記念日と決めたわけです。そうして「建国記念日」というんじゃなくて「建国記念の日」と、〝の〟を入れたわけですね。これは大変大きな意味を彼らとしては持っていた様でして、つまり「旧紀元節の復活ではないんだ」と。「建国について歴史的にこれが正しいからこれが記念日というんじゃないんだが、一応記念する日とした」という風に言い逃れをしたんですね。まあ詭弁ですが、そういう形で建国記念の日を決定したわけです。これは当時から既に起こっておりました、天皇を元首としようとする、そういう天皇元首化の運動、そして憲法改悪の企て。そういうものと結びついた諸々の政治反動の中で重大な決定だったと思います。

ただですね、宗平協はその時ごとに反対声明を出すんですが、また、歴史学者たちも反対をします。歴史学会、考古学会は反対するんですが、大きな国民的な運動になっていないんですね、今から振り返ってみますと。紀元節問題連絡会議というのは一応作られました。これに宗平協が参加しました。一九六六年に。つまり法案が通ってからですね、そして「建国記念の日」を承認しないという運動、つまり六七年の二月一一日から初めての祝日になるわけですから、その日に集会を開いて、東京はじめ各地で集会を開いて、「建国記念の日」を承認しない、「思想・信条の自由を守る日」にするということで運動はその後ずっと続けられます。東京ではキリスト教の山手教会が主な会場になっておりますので、「建国記念の日」の集会というと、私などは山手教会の記憶といわば結びついておりますが。今申しましたように、政治反動にとって大きな計画でしたから、そういう意味では改憲、憲法改悪面でのスプリングボードに、この紀元節問題はなったと考えます。

ただし大きな運動にはなりませんでしたが、紀元節問題連絡会議が出来て、労働組合や文化団体、学術団体と一緒に宗教者もそこで運動を展開したという最初の経験だったと思います。この諸階層との運動というのは、実は宗平協運動の大きな特質でありまして、ちょっと元に戻りますと、宗平協が最初に出版しました『現代に生きる宗教者の証言』の序文に大西良慶さんが書いておられる。それだけじゃ無くて、『宗教と平和』の第一号に大西さんが挨拶をここに書いておられるわけであります。この『宗教と平和』の第一号、当時は『宗教と平和』紙、新聞紙の紙と書きますね。今は雑誌の誌と『宗教と平和』誌としていますが、当時は新聞の形を取っていたんですね。これは第一号をコピーしたものですが、これに宗教者の平和運動という事で、大西さんが書いておられる。これとほとんど同趣旨の事をこの本の序文にも書いておられますが、その中の「平和という事業は、実に世界全体の大きな事業であるから、他の団体、他の階層の人々との提携協力がぜひとも必要であります」と言っておられるわけですね。宗教者だけの独自のものではないんだ、他の階層との結びつきが非常に大事だということを大西さんは強調されておられる。これは結成の時から、創刊第一号から、そしてこの書物の中でもそのことを大西さんは強調されているわけですね。そして他の団体、他の階層の人々との提携協力ということを強調されているわけですが、紀元節問題連絡会議への宗平協の参加は、宗平協としての最初のその実践だったと思います。

続いて、時期を同じくして靖国問題が起こりました。靖国問題は、これを戦前のように、戦前は靖国神社は陸軍省・海軍省が所轄した軍部の神社でありまして、戦後これはミリタリー・シュライン、つまり軍事的神社という風に呼ばれて、解体の危機にあった。しかしこれを、英霊を顕彰するという面は伏せて、慰霊のみを行うんだということで切り抜けるわけです、靖国神社側はですね。そして東京都知事認証の単立宗教法人となりました。この靖国神社を、五〇年代後半から国家管理にしていこうという運動が強まってまいりました。一九六三年以来、靖国神社を国家護持しようとするいろんな案が出ておりましたが、法案としては六九年に初めて提出されました。しかし、宗教界にとっては、この法案は許せない。靖国神社というのは神社であると。つまりその神社を国の特別な性格、公的性格を持たせることは許せないと。神社本庁がこれを推進しているんですけど、生長の家とか、二、三の宗教団体を除いてほとんど全ての宗教団体がこれに反対いたしました。法案は六九年に初めて出されて、七四年に五度目の法案が廃案になって以後は、彼らは法案としてはあきらめました。そしてその後、公式参拝実現に切り替えます。公式参拝は八五年の中曽根首相の公式参拝によって実現したわけでありますが、これもまたいろんな国際的な批判を彼が考慮して、その後実現しなくなったのですが。

宗平協の活動はどうだったのか。これを今日持ってまいりました。『英霊への召集令状』といいますね。これは、宗平協が六八年に出したパンフレットです。これに靖国神社問題の本質が書かれておりまして、これが軍国主義

復活のてこになろうとしていると。これは決して許せないということを短い小さいパンフレットの中に写真も入れながら訴えています。特に「英霊への召集令状」というネーミングは、非常にいいネーミングだった。問題の本質を突いたネーミングだったと思っていますが、宗平協がこの活動に取り組みました。靖国神社問題連絡会議というものが紀元節問題連絡会議に続いて出来まして、これには日本キリスト教協議会や全日仏、新宗連、そして宗平協が参加して、毎月のように会議をやってこの運動を推進してまいりました。ここからはかつてのような脱退する組織は無かったわけです。全日仏も新宗連もですね、私はその事を七三年に次のように書いた事があります。「靖国神社法案が一九六九年にはじめて国会に自民党より提出されて以来、宗教界は急速に反対運動を開始した。それは神社本庁と生長の家など二、三を除いた、キリスト教、仏教、新宗教のほとんどすべての宗教団体とそれらの連合体および、日本宗平協などの共同のたたかいにまで発展し、宗教団体の連絡会議を結成して運動を盛り上げている。軍国主義・帝国主義復活のてこ作りの思想攻撃だと受けとめた学術・文化団体、労組・民主化団体の反対闘争も起動をはじめ、これらを背景に、全野党が結集して、この法案を連続して廃案に追い込んできたのである。靖国神社問題は、日本宗教史上画期的な、宗派を超えた宗教者の共同行動を生みだしているだけでなく、信教の自由を守り固めるために「神を信じるものも信じないものも――フランスのアラゴンの詩の言葉ですが――団結させていく展望を生み出している」（『現代宗教論』）と七〇年代初頭に書き留めておきましたけれども、そういう運動としてこの靖国問題は展開されてきたと思います。

最近ではさすがに彼らも鳴りを潜めているようでありますが、しかしなかなか彼らの執念は強いわけでして、平沢という自民党の議員が質問趣意書を出して、それが政府の回答を引き出しております。それによりますと、「神道指令は占領が終わったことで失効した」と言うんですよ。失効したと、効力を失ったと。したがってあの当時、学校などがですね、靖国神社に集団参拝するなどは禁止されていたんですが、そういうものもいわば解禁になった、というのを引き出していますね。ですから、かつて、この法案が出ました時に、一九七〇年でしたか、自民党の村上議員の発言を朝日が報道しましたが、それは、これから大鳥居の前に自衛隊の歩哨。春秋には自衛隊音楽隊の演奏。そして靖国を守っていくんだと、むろん、修学旅行のコースということを言ってるんですね。これの狙いがずっと続いていまして。そのうち学校が靖国神社や護国神社に集団参拝することも解禁になるということですからね、これは重大な問題という風に考えますから、靖国神社問題も依然としてあるということです。

（司会者）

この問題に関連して、ご出席者の皆様の方で……。

（橋本）

一九六九年に、この法案が国会に提出され上程され、それでその前に、日隈さんがおっしゃった紀元節復活反対の集会は、提起されてからずっと毎年のようにやってきましたね。その土台の上で、我々は北海道でしたけれども、連帯が出来てまして、北光教会という大通り一丁目のテレビ塔の前の教会でみんなが集まって、お祈りをした後、教会の前の階段が五段ほどある、あそこにみんなハンスト、一週間のハンストで坐り込みました。代わる代わるやるわけですけども。それで、仏教とキリスト教と日本山妙法寺の太鼓もありましたし、日本山でない法華の人もいましたが、熾烈にして壮大にして柔軟な取り組みをしたと思うんです。まあ、たくさん言わないために、その中から北海道の靖国神社国営化阻止北海道キリスト教連絡会という所で、一冊目は、『〝信教の自由〟をめざしてI』（靖国神社国営化阻止北海道キリスト者連絡会・編）というパンフレットを出しました。それからさらに闘いが続いて、廃案を五回までやったわけで、次に『町の靖国北海道の闘い』これを二冊まで出しておるわけです。中身は話をしませんけども、そういうハンストをするだけではなくて、これもキリスト教連絡会ですが、日本中の教会に伝える必要がある。知らせるために、一〇台余りの自家用車を連ねて北海道から青森、ずっと東京まで、「靖国キャラバン」というのをして、事前に連絡をしておいて、そこに集会をして意見交換をして、署名を集めて次々教会を訪ねていく……ここに報告がありますけども、そういう取り組みをしてきた事を思い出します。

それでもう一つは、その時に初めは一日か三日の断食をしてたわけです。だんだん出来る人は一週間やろうということで、だんだん上手になっていきました。その後、これは付録的なことですけど、金大中さんが死刑判決を受けたのに対して、サルトルさんやローマ法王などが世界に呼びかけて、救命運動が起こりましたね。それにも呼応して「韓国問題キリスト者緊急会議」というのが全国的に作られて、そこが呼びかけてまたハンストをやりました。全国でやった、一番先頭で頑張った人は角田三郎牧師でしたね。横浜の教会で朝から晩まで三〇日やってドクターストップで止めました。しかし我々はそこまでは出来ない。みんな働きながらですから。しかし一週間重ねてやったりしました。私どもが金大中氏の時にやった時は、みんな一日か三日、一食でいいというのをやったんですけど、僕はいつも「おのぼり」さんですから、「無期限」と言うのを宣言して実行委員会に登録してやったんですけども、無期限でやっているうちに、あの年のクリスマス前の日に、二三日かな、あの時、盧泰愚政治部長が「政治的配慮」をするというので、これで助かったということで断食をやめたのが一六日目でした。八キロ痩せたというのを覚えてます。これは靖国には関係しませんけども、靖国の取り組みの中からそういう経験があります。これはあとでまた……。

(司会者)

他の皆さんで……。

(鈴木)

仏教の方で、靖国問題は非常に取り組み難いというか、今、日隈先生がおっしゃったように、この広がりというのがね、大変苦労して、いわゆる国民感情とか遺族感情とかこういうことでですね。ただ一番よく積極的に取り組んだのが、この大谷派で、その当時宗務総長訓覇氏が「靖国法案に反対せんやつは、もう坊主やめい」なんてほど乱暴な事を言ってましたけども、私自身、真宗の機関紙に、初めて「おまえ書け」と「誰も靖国問題書けるやつがおらんのだ」と言うから、私も書きましたけれども。その時の訓覇総長の観点というのが、この浄土真宗が真宗として親鸞に帰るという時代をようやく手にしたのは戦後だと。室町時代の蓮如以降、幕藩体制が完成してからはもう真宗は死滅したと。自由な教学研究も教化活動もないと。そして戦時中は絶対主義天皇制、軍国主義の下でどうにも動きもとれない。ようやく長年の自由の到来が、一九四五年、この現憲法下だと。靖国法案など通したらまた教団は死滅するという、これは非常に強かったですね。それで随分、しかし教団が公然と靖国法案反対のことを出すと、各地の遺族会の会長で、檀家総代になっている人が「おまえたち何やってるか」と。「おまえたちがそれを引っ込めないなら檀家はやめる」というようなことを、あちこちから持ち込まれてきて、訓覇氏の所へ「総長どうしたらいいでしょう。私はもう住職として自信が無い」と言ったら、「それが説得できんなら、おまえ住職やめい」なんて言って。これから浄土真宗の教化活動をやるならば、掲示伝道に靖国法案に反対ということを真っ先に書けと。そこから門徒と話し合えと。

これほどいい教化活動は無いじゃないかと。調子のいい信仰の言葉なんか書いてないでと。じゃあ真宗の真理って何かという大論争が起こるだろうと。絶好の教化の活動だと。この捉え方はね、その後真宗の中で浸透してくるんですね。それを脅迫の中でも受止める立派な人も出て来て、浄土真宗の信の回復というテーマで靖国問題が書かれるようになり、浄土真宗大谷派の教師、僧侶になる検定科目の中に必ず必須科目として入るようになるんですね。まあ同和問題もそうですけども、靖国・同和というのは未だにそういう課題になっていると。これは大変良かったですね。それじゃあこれ訓覇総長が教団問題の中で辞めさせられるというか、辞めざるを得なくって、自坊に入った時に訓覇氏を訪問して訓覇氏と対談をやるんですよ。これは私にとっても歴史的なんですよ、訓覇総長との対談で。これは関場君もこれは絶対真宗に、教団の中に置かなくちゃ駄目だ、これはいけるって言うんで、刷ったこと刷ったこと。刷りすぎてあまっ

ちゃって困ったんだけども。(笑)

(日隈)

ちょっと補足して。今橋本さんからも話があったけども、北海道の話だったけども、キリスト教の靖国問題反対運動は大きな意味を持っていたんですよ。キリスト教自身がね、この運動の中で、本当大きく変わっていった契機だったというように思うんですよね。ただちょっと出口さんからもキリスト教の話を伺いたいなと……。

(橋本)

ちょっと失礼、先程『〝町の靖国〟、北海道のたたかい』と言ったけれども、これに取り組んできて、靖国問題に取り組んできてわかったのは、北海道でこういう風に定式化しました。《この国会で靖国神社の国営化法案を阻止できても、町の中にある靖国問題を乗り越えなければ闘いに勝った事にはならない》と。現実には神社寄付は行われているわけですから、その相談の中で、それぞれが町内会の町内会総会に出ようと。それで神社寄付があるかどうか確かめよう、あった場合はそれをやめさせようというので、努力して出席しました。私も新興住宅地なんですけども、総会に出ましたら、会計報告を見たら神社寄付というのがあって、僕らの街の神社の大谷地神社というのが集めて、それを今度は札幌神社連合会に全部納めるんですね。それがさらに神社本庁に行くという形になっているんで、そして、ちょうど同じ町内会の中に私立学校の組合で頑張っているもう一人の先生と僕と二人いましたから、二人が結束して意見を言ったんです。そしたらみんなびっくりしてね、憲法違反なんだ。幸いなことに津地鎮祭違憲判決が出たときだったんです。それを証拠示してやったらね、みんな震えちゃってね。それほど熱心に考えなくちゃならないのかっていうので、考えるようになりました。それで町内会の議事進行が本当に民主的になったことを覚えています。

もうひとつは、我々は、自分がキリスト教だとか自分が組合の者だからというのではなくて、人権の問題なんだということで問題にしたのです。そしてもうひとつは、町内会が神社の下請けになってやるということは、これは市民の自由も侵すということだ。だから下請けを町内会はしないということが大事なんだという。すると、役員が言うのは、北海道開拓時代から頑張ってるんでお世話になっているんだから、それに付き合いとして出しているんだという、習俗論が出てくるんですね。だから僕らは、氏子が各戸を訪ねてきて募金すれば、私は牧師であるけれど、クリスチャンであるけれど、私は無神論者という人もいるけれども、カンパはすると。しかし、そういう信仰の自由あるいは思想・信教・良心の自由を侵すようなことを町内会が下請けしてはいけないんだと。これも通りましたね。だからそういう形で、「町の靖国」という所まで掘り下げていけたというのは、結構長いたたかいでしたけども、我々を本当に鍛えてくれて町内会と仲良くさせてもらいました。

（鈴木）

今のね、話はおもしろい話でしたけれども、靖国問題以前にね、早乙女勝元君と僕らがね、葛飾文学会という、葛飾でやってた古い時代ですけども、彼がその中でね、その頃書いていたんですけど、今でも他のにも書いていたかもしれないけど、町内会の役員たちがね、五、六人でやってきて「神社の寄付出せ」って言うからね、「出さない」って言っても、「出せ、いくらでもいいんだから」って言うんだから、しょうがないからその頃で五円を出したんだと。「人を馬鹿にするのか」って町会の幹部が言う「何が馬鹿にするのか」ということでね、その町会の幹部とやり取りをして、「鈴木さん、今度町会へ行ってね、総会の時にやろうじゃないか」と。「神社の寄付おかしい。そんなこと大勢で来て、しかも大勢で来られたら、五、六人で来られたら、払わざるをえないじゃないか。それも氏子じゃないんだ」ということでね、「鈴木さん坊さんだろ。だから町内会の総会の時に、そういうことやるなとやろう」ってやったんですよ。それがね靖国問題以前だったんですよ、その時は。

（司会者）

出口さん、何か……。

（出口）

あとで喋る事がなくなるからあとでいいです。（笑）

（新間）

日蓮宗では昭和四四年に、その靖国法案が出たときですね、その時までに昭和二九年からずっと宗門として、教団として立正平和運動というのをやってたんですけど、少しずつ消極的になってきたんです。それでその昭和四四年の一九六九年に、立正平和運動を盛んにする為に、立正平和の会が有志で集まって出来ました。私はまだ、その時は入っていませんでした。中濃さんや近江さんなどが中心になって出来たんですね。それでその靖国法案が出された時に日蓮宗の青年会が国営化に反対する声明文を出して、また立正平和の会が靖国神社国営化反対の声明文を出して、それから日蓮宗の中の組織である、正式の組織である現宗研、現代宗教研究所なんかがまた、靖国問題や諸問題に関して宗務総長宛てに意見書を出しています。そういうことを踏まえて、その年の三月の集会、日蓮宗の正式の会合ですね、決議をする集会で、正法受持の信仰に基づき靖国神社国営化に反対という声明を出しています。それだけちょっと申し上げておきます。

（司会者）

この信教の自由の問題、年代的にも現在も大事だと思うのですけど、有事法制定時にですね、二〇〇二年の六月なんですけども、民主党の質問に対して当時の福田内閣官房長官が次のような見解を出しているんですね。ひとつは「国及び国民の安全を保つという高度の福祉のため、（高度の福祉というのは戦争なんですけど）、合理的な範囲と判断される限りにおいてはその制限は個人の尊重などを定めた憲法に違反するものではない」と。もうひとつ思想、良心、信仰についてですけど、「内心の自由という場合にとどまる限り、絶対的な保障があるが、公共の福祉による制限はありうる」という事ですね。戦争の場合になったら信教の自由は当然制限しますよということです。三番目にはですね、「作戦行動の中では教会や神社仏閣の撤去や除去もありうる」ということを出してるわけですね。当時は「朝日」がこれを取り上げて一面に載りましたけれども、その後この問題であんまり取り上げられていないんで、私、事あるごとに言ってるんですけれども、官房長官の見解ということは政府の公式見解ですから、これはやるってことなんで、こういうことがポロっと出てくるってのが、やっぱり恐ろしいと思うんですね。そういうことを考えているんだろうっていうのがありますけれども、これが正式に出されているってことを我々もですね、これから注目していって、この問題にですね、我々の信仰に関わる問題ですから取り組んでいかなくてはならない課題だと思います。

それではここでちょっと一〇分ぐらい休憩を入れたいと思います。

三　宗教者と核兵器廃絶

核兵器廃絶の問題です。

一九四五年、アメリカによって八月六日広島に、九日長崎に原爆が投下されました。一九五四年三月一日、ビキニ環礁での水爆実験で第五福竜丸が被災しました。この年、無線長であった久保山愛吉氏は「原水爆による犠牲者は私を最後にしてほしい」と遺言してこの世を去りました。この言葉は日本と世界の人々の心を揺り動かし、広島・長崎の被爆を経験した被爆者と日本国民の「三たびゆるすまじ原爆を」の願いと運動とあいまって、核兵器廃絶の声は、大きなうねりとなり、翌一九五五年「第一回原水爆禁止世界大会」が開催されました。これには多くの宗教者も参加しました。

また、宗平協主催の三・一ビキニデー久保山愛吉氏墓前祭は一九六四年から行われるようになりました。原水爆禁止世界大会の分裂の中で、核兵器廃絶の運動の火を消してはならないとの決意で、いろいろとあった妨害に打ち勝って、宗平協が主催者となって開催したことを聞いています。

被爆者援護連帯、核兵器廃絶の運動は宗平協の運動の歴史と深く関わって、今日に至っています。

今、大きな転換点を迎えています。オバマ・アメリカ大統領は昨年四月のプラハでの演説、ノーベル平和賞受賞者による宣言、国連内外で核兵器廃絶に向けたプロセスへ移行しようとする動きが、昨年ありました。今年の五月にニューヨークにおいて核不拡散条約（ＮＰＴ）再検討会議が開催されます。私たち宗平協も、今年の要請行動にむけて現在準備を進めています。

ここからはこの核兵器廃絶の問題での話し合いをお願いしたいと思います。

（新間）

どのへんを中心にして発言すればよいですか？

（司会者）

核兵器廃絶の問題に関して新間さんの取り組みの中か

2001年9月10日（毎月1回10日発行）1966年4月12日第3種郵便物認可　宗教と平和　第396号

宗教と平和

THE RELIGIONS AND PEACE

2001年9月号

発　行
日本宗教者平和協議会
東京都文京区湯島3-37-13
〒113-0034　TS第７ビル502号
TEL/FAX　03-3832-0842
発行人　鈴木徹衆　購読料1部250円

らお願いします。

（新間）

核兵器廃絶の問題は、ずっと続けてきているわけで、長い歴史があるというか、それを中心に一番大事な問題として、平和運動に関わってきました。国連でも国連総会が四回と、それから別に、まだ総会に準ずるような集会があって、それも五回開かれています。国連の会合で。日本からも代表団が行って反対の決議、運動を行いました。三回本会議があって。軍縮会議が三回あって、それからもう一回、本会議があって、今年が五回目の国連の核不拡散の会議と言う形で開かれますけれども、ずっと宗平協のメンバーが団体で、それを国連に訴える動きで集まって行っています。また今年もそれが四月の末から五月にかけてありますので、宗平協としてもできるだけたくさんの人数で、国連に訴える……、何回訴えてもなかなかね、というか世界中の平和運動家が、いろいろそれぞれ集まって、国連に集まってきて国連の外で一生懸命やっているわけですけれども、なかなか全ての国がそういう核兵器を捨てる、あるいは軍備を無くすという所まではまだ行かない現状であります。しかし、それをやめてしまえば、もっと恐ろしいことになっていくわけですから、どうしても頑張っていく、そういう世界中の市民の運動を続けなければいけない。私も幸いに、何回も、その度ごとに、ニューヨークへ行きましたし、また二〇世紀の最後のハーグの会議にも出席できました。頑張って今年も行けるだろうと思っておるんですけども、根気よくやはり国連に訴えかける、ということがたいへん大事だと思います。

宗平協としては、どうぞ、何人もの人を送り込むように、みなさんで力をあわせて頂きたいと思います。

（司会者）

ありがとうございました。

宗平協の関係で大変大事なのは、先程ふれましたけども、三・一ビキニデー墓前祭をですね開催された……。私、日キ平の講演会で鈴木徹衆先生にですね、一九八九年に講演してもらった記録を読もうと思って探したわけです。二回にわたって前半だけが残ってて、核心に入ったところは、今探しているんですけども。それをどこかでもう一度載せたいなという風に思っていたんですけど。現地でですね、準備に当たってそれを成功させた、おひとりでありますす先生の方からちょっとその辺の話を、ビキニデー墓前祭のお話を。短めに。（笑）

（鈴木）

先ほどの、日隈さんがお話になってくださった機関紙にね、これがちょうど一九六四年の墓前祭に取り組んでいる時の機関紙なんですよ。事務局日誌に、一月二四日鈴木次長、佐藤担当理事と墓前祭の件につき焼津に出張。ね、これ焼津出張が何回か、こう出てきますけれど、もっとすごく良かったのは、最後の二月の二九日、明日はいよいよ最終、その日を迎えるっていう時には宗平協のできるだけ多くの幹部は、全員が焼津に結集してもらわなくては困るってことで、第二回、全員ね、世界宗教者平和会議の準備委員会を焼津で開催なんですよ。それでその現地、焼津事務局の旅館にみなさんに、松尾喜代司牧師さんから壬生先生から何から飯島さんから、みんな集まって下さって、その準備の話と、世界会議の準備の進行状況やなんかも話しながらも、いやそれどころかまずは明日を、どう迎えるかと、一日を。この中で全員が焼津警察署に出て来いってね、警察署からジープでお迎えが来たんですよ。会議の前の日ですよ。しかも夜の夜中ですよ、一一時ごろ。そういうことを、これを機関紙見てて思い出しました。その時、準備会で全員が集まってもらったと。それでその日の夜、夜中一一時ごろに焼津警察署に全員に引っ張り出された。向こう側は静岡県連社会党委員長の松永忠治氏。それから県評の市会議員や職員が入って、とにかく宗平協の墓前祭を、もうここではやめさせることができないから、二つに割ると。それを警察署長が飲めと。そうじゃなきゃ道路使用閉鎖すると。というとこまで来ましたけれども、何でこうなるかと思いましたけどもね、そんなところまで人を追い詰めていくのかね。でも、そういう時も頭にきて、「閉鎖するなら、しなさい。我々は弘徳院の境内に詰める。境内は警察の管轄じゃない」とはっきりと署長に言ってね。それを蹴って妥協しないで出てきちゃったんですよ。

だから、そしたら彼らが慌ててね、社会党委員長勝間田、江田、そうそうたる委員たちが弘徳院に乗り込んで、朝早くね、急にね、「どうか絶対トラブルを起こさないですから、我々幹部一同と少々の人数と本堂の中で今日これから（墓前祭を）やって下さい」と、強引ですよ。それで午前中やっちゃったってことは、なぜそんなにやるのかっていうのは、墓前祭もとうとう分裂したというう印象を与えよう。とこれが狙いだったんですね。だから新聞なんかはそういうやたらとそういう風に書きたてたんですよ。お昼のニュースでも、テレビのニュースでもそうですよ。ついに分裂したと。なるほど、分裂主義者ってよく言ったもんだと思うんですけど、そこまでね。その報告が、部分核停条約締結ご報告法要って、で、看板を門前にですよ。「何だね、これ」って。久保山さんの墓前祭でいいじゃないかって言うんだね。それをわざわざそういうようなところまで。でも弘徳院の先代の住職は、「いやあねえ、鈴木さんね、社会党の委員長まで来られちゃってよ。これで一筆書いてくれたからね、これお寺のね、宝にしたいんだ」って言ってね。「午前中にやらせてもしょうがないじゃないか」って言うから、しょうがないなと思ったけど。

　まあ、それ自体とにかく第一〇回原水爆禁止世界大会、そのものがもう危機に瀕して、もう開かれないと。社会党総評が出て、原水協と言う組織は雲散霧消したと、最初からバーンと言っているんですから。それをどう守るか、この運動を。というところの焦点になっちゃったのが墓前祭なんですからね。ですから彼らも政治生命を掛けて墓前祭の妨害に来ると。

　でもね、第二回世界宗教者平和会議も七月にね、東京で開催するってことで準備で大変なさなかですよ。そんな時にね、墓前祭をなんで引き受けちゃっているんだろう、軽く。墓前祭をやると、そこまで妨害に来ないだろうと思ってたら、やると言って決めた時に、真っ先に総評の政治局次長の、佐野と言う次長が来て、局長は安恒氏だったですけど。それが来て、原水協後援を取れ、それなら我々も墓前祭に参加すると。それの申し入れに対して協議しますってことで、協議したところ、原水爆禁止運動の中で日本原水協という組織が雲散霧消してるということを認めることになると、彼らの主張を。そういうわけにはいかないじゃないかと。それまで一生懸命にね、それまで守ってきたこの運動をここでもうそんな……。っていうことでそれを守らなきゃいけない大事な墓前祭だなと。だんだんね、必死になってきたんですよ、こっちも。

　初めは、それほど、墓前祭なんてのは宗教行事としてやって、まさかそれまで妨害はしないだろう、という甘い気持ちでいましたよ。ところが、だんだんそういう申し出があると。「それを承知しない、それならば宗平協は墓前祭をやらせない」と。やらせないってどうするんだと言ったらやっぱり総評・社会党の力ってすごいなあと思った。焼津の組織を活かすとか静岡県下の総評組織を。それであらゆる妨害をすると。とにかく宗平協の墓前祭はやりません、やらせませんということを焼津市会議員が、社会党市会議員が言うし、そして改めて市長なんかに呼びかけて、墓前祭については我々はこういう風にしたいと思ってると、提案までやりだしたので、焼津平和委員会の人たちも驚いちゃって、とにかく来てくれと、来て下さいということでなったわけですが。

しかし、それだけの激しい政治的対立の渦中に、宗平協がこんな思いをするとはね。これ私もね、今までの運動の中で一番きつかったですね。警察までの乗り出してくるし、それは日隈さんなんかも宗青協の代表として、焼津で一緒にもう心配してくれて、それで境内の中で、ようやく作り上げた墓前祭の祭壇を壊されないよう守ろうっていうんで、徹夜で守る。そんな中ではらはらした中で、全国的な結集をみたんですが。

ただ墓前祭の話に入る前に、原水爆禁止運動そのものについての、もう少し、東西対立の激化の渦中における運動の厳しさと言うものをね、原水爆禁止運動は敵視されたんですから、とにかく。それ自身が、ソ連の手先かそれともアメリカの親米か、親米反ソか、反米親ソなのかと。こういうことでバンバン攻撃してくるんですよ。どっちでもないんだ、平和を守るんだ、核兵器をなくすんだ、それのそういう攻撃にさらされながらその旗を守るというと、これはもうお前はソ連の手先だ、中共の手先だ、赤の手先だ、日本から出ていけっていう、あらゆるところにおける攻撃の、ものすごい嵐の中での運動でもあったと。やっぱり東西対立のいわゆる強大な核軍拡競争の激化しているところで、ソ連はソ連でばんばん実験をやる、地下実験もやる。ものすごい数を両方でやったでしょう。あの渦中の運動というのは、なんとまあ厳しかったんだろうと。厳しいのは当然なんだと。それをもう一度思い返してみてね、その東西対立がなくなった今日ならもっとやれるはずだと。それはやりよくなってるはずなんですよ。だからね、振り返る中で東西対立の中における原水爆の禁止運動というのはなんであったか。我々は手先と言われましたよ。ほとんど赤だ、ソ連の手先だ、ソ連の平和攻勢の手先だ。そういう激烈な国際政治闘争の中における運動であったことをもう一度見直してみてね、それでそれを、さらにその攻撃に負けずに核兵器廃絶と被爆者救援、これを思い一途に掲げて運動を守ってきたということの意義をね、もう少し振り返ってみたいと思うんですよ。それからでいいんじゃないかな。

墓前祭、まあ象徴もんのひとつですけども、墓前祭以前に、みなさんがそれぞれそのそういう激烈な嵐の中で一生懸命守った、その志や運動はどうだったのか、ということね、私は語っていただいたらいいと思うですけどね。

（司会者）

その辺のところを……。

（橋本）

それじゃあ。

そういう分裂工作があった時に我々は、その時は北海道キリスト者平和の会がスタートして、恵庭事件に取り組んでいたんですけども、もうひとつ宗平協、その北海道宗平協準備会っていう段階で、共産党の衆議院の多田光雄さんが、松田平太郎さんに声をかけて、こういう分裂があるので、追悼会も分裂させられる危険があると。宗教者が主催をして中心になってやってくれないかって相談があって、それで早速相談して、取り組んで、「北海道原爆死没者慰霊祭」、その時「慰霊祭」と言っていた。その後宗平協でしっかり勉強して「慰霊祭」というのは厳しく批判されているので、御霊信仰だからというので私が提案して「追悼会」というのに直しました。そこで毎年八月六日に初めはお寺でやっていたんですけども、いつか変わりながらお寺でやっています。それはずっと後は、公の北海道の施設でやっています。それはずっと後の話ですが。これも大変勉強させられまして、その取り組みの最初は道キ平の中で　宗平協の方の担当する人たち、松田さんと笹田さんでしたが、北星学園男子校がある、琴似というところにあった、その地域の被爆者を訪ねることから始めたんですね。その被爆者の聞き取りを、初めて新書本にしました。松田さんが最後まで自慢していた、ネーミングが良い『ヒロシマの証人』、カタカナでヒロシマの証人。そういう運動の中で取り組んでいったんですね。

そして、初めて追悼会をやるんで、いくら金かかるかもわからない。で、お寺のお礼とか実費とか色々考えて、これくらい集めようということで予算を立てて、そして最初の年に募金に入った。札幌駅前に集まって、そして札幌は駅の前から正面から見ると南の方、ずっとビジネス街がありますね。その何も知らない会社に、とびこみで訴えて募金を集めた。その頃、一〇〇〇円や二〇〇〇円っていう額でしたけども、それをやってきました。それで見事成功して、北海道全体から、被爆者が始めのうちは、一〇人そこそこでしたけども、だんだん毎年増えていくようになりました。そして三年目ぐらいになった時に、あの頃、北海道の遠隔地から、稚内とか根室から来るのは大変なんですよ。泊まらないと絶対来れない。もう、あの頃宿料は高いし。そういう中で、どこかで被爆者が気安く話ができて、泊まれるところが欲しい、という話がだんだん被爆者会館を作って欲しいという感じの話になったんですね。しかしみんな、決断する知恵も力も勇気もなかったので、一、二回はそれをみんな聞きながらも流していったんです。しかし、その切実な要望に応えようという事で、決断しました。そこで、「平和のレンガをあなたもひとつ」というスローガンを出した。はじめ、ぼちぼち集まってきたんです。二億円の予定で募集をしたんですよ。次の年また追悼会に募金に行くと「あの被爆者会館の募金はいくら集まりましたか、いつごろどこで建てますか」っていう質問が、真面目だから出てくるんじゃないですか。それに応えなきゃならん。

そういう訳で努力し、最終的には今、札幌市白石区平和通一七丁目という所に建ってますけども。それは、千歳線の平和駅という駅を降りたところにあるんです。そこも、ものすごいドラマがあるんです。その大々的に全日本に募金を集めたらぼんぼん集まってきたんですが、運動の中で思想信条の自由の問題に反する人がいまして、で、「あの人がいるのならわしゃやらん」っていう被爆者が出てきたりしてね、大変だった。で頓挫はしなかったんだけども、ずっと停滞するのが何年かあったんです。しかしそれも乗り越えて、そして三五〇〇万円ほど集まった。予定は、鉄筋コンクリートレンガ建てでした。これはもうできないという事で、木造でいこう、木造モルタルでいこうと。しかし建てる費用はあるけども土地がないというので、その頃札幌市と北海道に土地を提供するか貸してくれるかと頼んだら、札幌市は北海道の規模だから道庁に頼んでと。で、道に頼みに行ったら、その頃、横道孝弘知事です。もう脈がないことを知ってたんですよ。申し入れたら、さすがにすぐ断れないから、全国に調べてみたら、広島と長崎以外に土地を提供する自治体がないので、我々もできないと。なにが「革新」かというので、頭に来ましたですね。その場で私が北海道新聞に投書を書いたらすぐに出ました。出た日の朝、まもなく電話がかかってきた。「土地を提供します」って人が出てきて。小樽の人です。それで札幌に建てたかったんだけども、亡くなったおじいちゃんと思い出の土地を提供するので、ここに建てて欲しいって言うのです。ところが札幌から被爆者が、だんだん年とって、いろいろ病気持っている人が小樽まで行って、入船町という山の上まで行けないというのです。だからもったいないけど、断ってくださいと言われた。しかし断れないので、引き伸ばし、引き伸ばしきて、そして事務局次長と私と被爆者の会長と三人で行って、そのおばあちゃんに実情を訴えました。そうしたら、「あげたものですからどう処理しようと文句言いません」とおっしゃった。従軍看護婦の勲章を貰ってるような立派なご婦人でした。で、結局その土地を売って札幌の平和通りに建てたんです。その土地は一五〇〇万円でした。だからそれで買って上物を建てたんです。今も立派に運営されております。今度行かれたらぜひ見てください。最近はタクシーに乗って被爆者会館って言うとすっと連れてってくれます。その上、広島・長崎にも訴えて、資料を永久貸与してもらった。広島・長崎の資料館は公のものですよね。けれども民間でそういうのができて、今も続けて頑張っております。それから追悼会は、その時からで言えば今年で四六回目になりますか。だから継続は力っていうことですね。

(司会者)

はい、継続は力っていう風に私も本当にそう思いますね。私も六〇年代後半ごろから宗平協に参加してたんですけども、当初、核兵器廃絶を言うとですね、そんなの出来るわけないだろっていう意見がやっぱりあったわけです。しかし、こうした運動でですね、私はＳＳＤⅡの時が一番大きな転換期だったと思います。それまで核兵器は増え続ける一方で、まあ五万発と言われていた。しかし巡航ミサイルトマホークですか、開発されて、かなり命中精度があってですね、レーダーを掻い潜って入っていくと。それでヨーロッパの人たちもですね、びっくりしたと。これはけしからんということで、大変だと言うことで、その力がＳＳＤⅡに出て、一〇〇万人集会がニューヨークで開催されました。

（矢野）

私は二八年前の第二回国連軍縮特別総会ＳＳＤⅡと二二年前の第三回国連軍縮特別総会ＳＳＤⅢに参加しました。ＳＳＤⅡに参加者した日本宗教代表団は八一名で、天理教からは宗教代表団として一一名、天理高校吹奏楽部ＯＢが音楽代表団に一〇名参加しておりましたので、計二一名でした。その他に日本山妙法寺や創価学会、立正佼成会、金光教などは別団体で参加していましたので、日本からの宗教者は三〇〇名を越えたのではないかと思います。確か参加呼びかけ団体は日本宗平協ではなく宗教ＮＧＯで団長は鈴木撤衆さんだったと思います。

日程は一九八二年六月三日〜六月一九日までの二週間余りで、ニューヨーク行動、ボストン、シアトル、アマリロの三コースに分かれての行動、ホノルル行動の三行程に組まれていました。

ニューヨーク行動は六月三日〜一三日まで。この間、私たちは広島・長崎アピール署名の街頭行動、国連傍聴、一〇人ほどで班を組んで各国大使館への要請行動、シンポジューム、平和運動家の家庭を訪れての交流集会などニューヨークの街を駆けずり回りました。私はどこへ行くにも天理教の教服《ハッピ》を着て、下駄を履き、背中に「The world without the nuclear weapons」と書かれたゼッケンを前と背中に貼り付けかっ歩しました。署名活動で驚いたのは、私たちがつたない英語で「プリーズサイン」と言うと多くのアメリカ人から「Remember Pearl Harbor」という言葉が返ってきました。これには大きなショックを受けました。

一〇日、国連本部のパブリック・テラスで日本、米国、ソ連など九ヵ国一七団体で集められた核兵器廃絶を願う署名一億二〇〇万人分（うち日本二八八六万二九三五人）がデクエヤル国連事務総長に手渡されました。私もその式典に参加しましたが、庭に積み上げられた署名は圧巻でした。

一一日、世界の宗教者が一堂に会し、平和を祈る大集会が聖ヨハネ大聖堂で開催されました。参加者は一万人。私たち天理教の仲間は全員教服を着用して参加し、集会の後、セントラルパークまで平和行進をしました。

明くる一二日は特別総会を支援する国際平和行進の日です。出発地は国連前のハマショルド広場です。車で行ったか歩いたか今では記憶にありませんが、そこへ行くと見渡す限り人、人、人でどこが先頭か後ろか解らず、人の動くままに歩いて行きました。コースはハマショルド広場から七番街を通ってセントラルパークまでです。

一〇〇万人の大群衆の中で仲間とはぐれてしまい、最後まで一緒に行動したのは、今は亡き和田延博君だけでした。私はその日も教服を着て下駄を履いて行進しましたが、途中で足が痛くなり、はだしで歩いたのを懐かしく思い出します。

一四日、代表団はボストン、シアトル、アマリロの三コースに分かれて出発しました。アマリロを訪問したのは七名の宗教者だけで、ほかの予定者はアメリカ政府がビザの発給を拒否したため入国できませんでした。アマリロへはケネディが暗殺されたダラス空港で乗り換え約五時間の空の旅でした。

アマリロ訪問で特に印象深かったのは核兵器組み立て工場パンテックスの見学でした。見学と言っても工場内に入れて貰えるはずはなく、遠く離れたゲートから見るだけです。工場の周囲は一面の麦畑で隔てられていました。

一六日、アマリロを発ち、ダラスで乗り換えホノルルに着きました。

一七日、朝からハワイで一番古い歴史あるカワイアハオ教会で宗教者の交流集会が開かれ、その後、連邦ビルから市公会堂までコミュニティ平和行進がありました。

一八日、帰国の途につき、一九日成田に到着。英語もわからず、初めての国際行事で皆さんの後を付いていくだけでしたが、その後の私の活動にに大きな影響を与えました。

（司会者）

私、あの時、参加してその感動を今でも忘れないんですけど、その時から核兵器は減った、減ってきたんです、その先。やっぱり運動がそうさせたっていう風に私は思います。今、二万七〇〇〇発ですか。言われてますけども、そして、今になってそれも無くそうというそういう機運がですね、世界中に起きてきている。この火をですね、希望の火を消さない。その運動をですね、引き続きやっていけたらなという風に思っております。

（宮城）

その件で言うとね、核兵器廃絶運動っていうのは広島・長崎がその原点になるわけなんです。京都宗平協では、京都仏教徒会議、京都宗平協、それから世界の平和を求める京都宗教者連絡会の三つが合同で、毎年、檀王法林寺で、現在は第二次世界大戦の広島・長崎での被爆者の追悼法要と、同時にあわせて戦争犠牲者の追悼法要をやっている。今年で何回になる？

（出口）

去年で五一回目です。霊山観音でずっとやっていて……。

（宮城）

はじめ、霊山観音でやってたんだけども、今は檀王法林寺に、前の仏教徒会議事務局長の信ヶ原良文先生の自坊でやっているんですが、やはり、今続けることは大事だという、まあ戦後すぐに始めたんじゃなくて、去年で五一回であったと。それでも、その追悼法要が核の洗礼を受けた限りはずーっと続いていくことにはなるんだけども、そういう追悼法要しなくてもよい世界ができるということをひとつの理想として、毎年やっているんですがね。それについての事務局担当である出口さんの方から少しその間の経緯というのかな、そこらをお願いします。

（出口）

私も途中から参加したので、どういういきさつで始まっているかということについて、詳しくはわからないのですが、霊山観音で独自に原爆犠牲者追悼法要をされているのに、仏教徒会議が一緒に参加されたんですかね。そうですね。私が参加した時には、ずっと霊山観音でありました。その当時は革新府政・革新市政でしたから、京都府も京都市も助成金を出して、祭壇に花輪とかお饅頭とかが供えられ、京都府や京都市の名札をつけて、原爆犠牲者の追悼法要を自治体も応援してやれるような状態だったんですね。でも、民主府市政が崩れる中で、そういう援助がなくなりました。その当時、私が参加した頃は二〇〇人ぐらいも霊山観音に集まっていました。その法要の後に第二部として、いろんな先生に核兵器廃絶に関することや平和の問題について講演をして頂くような学習会は今も続けてやっています。

戦後四九年目、原爆犠牲者の五〇回忌の時に、檀王法林寺の庭を借りて高石ともやさんのコンサートをやり、あそこの庭に椅子を並べた大きなイベントで、たくさんの人が集まりました。それ以来、檀王法林寺さんの方でさせていただくような形に変わっていったという風に記憶しています。今も八月六日の朝、被爆者の方も見えますし、いつも六日の朝を覚えて、毎年参加してくださる方があります。何年か前から子どもたちにも平和の大切さを伝えていこうというので、午後からは保育園とか学童保育所の子どもたちにも集まってもらって、アニメや戦争体験の話をしてもらったりしています。その後、イラク戦争や原爆犠牲者だけじゃなくて、世界中で戦争犠牲者の方がある、そういう人たちも一緒に追悼しようという形に今はなってきています。主に仏教でやることが多かったんですけれども、世界の平和を求める京都宗教者連絡会というのが出来てから、一緒に参加するようになって、仏教、キリスト教、それから金光教、天理教の四つの宗教で追悼法要をしたこともあります。

（鈴木）

そういう点では京都の原水爆禁止運動でいろいろなご苦労をされて、ご苦労の仕方がね、東京よりもずっときめが細かいんですよ、やっぱり仏教圏だけあって。そのきめの細かさと幅広さを絶えず配慮していたのが、信ヶ原先生で、仏教徒会議での。細井先生はもうね、京都原水協をあるいは共産党後援会長ってんで、ぼんぼんぼんぼんやって細井さんがやると信ヶ原さんが横を向いてしまう、そんな乱暴なことは駄目ですよってなことでね。そういう点ではずいぶんご苦労をされて、私も両方とも細井先生もご苦労されて、ついて来なければ私がやっていくっていう様な細井先生の姿勢をさらにカバーして、色々とその中で苦労されて、京都仏教徒会議で檀王法林寺中心とした、より広げた追悼法要かなんかを粘り強く市民の中に広げていくという努力を、京都のね、大変ご苦労された点だと思います。

全日本の宗教者が平和のために団結しよう！

宗教と平和

軍備全廃
原水爆禁止
核非武装
平和憲法擁護
信教自由擁護

日本宗教者平和協議会発行　発行所・東京都台東区池ノ端七軒町1 (821) 3579　編集発行人・壬生照順

第二回世界宗教者平和会議に向けて

世界宗教者平和会議国際準備委員　中野教篤

四　憲法擁護と宗教者

（司会者）

時間があと、三つ課題が残ってます。展望を入れて四つ課題がありますので、もう少し話をしたいところですけど、展望の中で少しふれて頂ければと思っています。

次に憲法問題に移りたいと思います。憲法とりわけ九条は、この戦争の歴史の反省から、また多くの尊い命の犠牲の上に、そして人類の英知によってうち立てられたものだと、私は思っています。戦後の戦いの、大きな焦点はこの憲法を守るか、これを空文化させるか、あるいは改悪するかの戦いではなかったかと思います。ここ数年、有事法制定、首相による靖国参拝、従軍慰安婦、沖縄の集団自決に対する軍の関与の否定、教育基本法の改悪、国民盗聴法の制定など、戦前回帰の動きが強められていたわけです。この勢いで、憲法とりわけ九条を改悪し、戦争のできる国にしようとしましたが、各地に作られた九条の会などの国民的な反対運動にあって、頓挫し

たわけです。しかし戦争への道を断念したわけではありません。戦争、侵略戦争美化、九条を敵視する意見が依

然として、続いているということです。基地問題では、沖縄の普天間移設の問題が、今大きな政治問題になって、自衛隊の基地の問題、あるいは海外派兵恒久法も、そのうち浮上してくるだろうと思います。これらは全部、憲法とりわけ九条にかかわる問題だと思います。自公政権から民主党に変わりましたけれども、憲法問題では明確な事案を示していないし、鳩山氏をはじめ改憲論者も民主党内には、多くいるわけです。引き続きこの憲法を守る運動を進めていかなくてはならないと思います。この問題で次はお話をお願いしたいと思います。橋本先生の方から最初にお願いしたいと思います。

（橋本）

そこに入る前に、ちょっとみなさんにお渡しします、二つの年表を見てください。はじめ大きい方を見てほしいんですけども、これは最後のページには一九九二年で、一項目だけで終わってますね。だからこれは九二年に書いたものなんです。最後の所の九二年というのは、私が東京に出てきた年です。それで九三年から事務局長になったのですが、その前の年、見習いみたいに出ている時に実はこれの土台になるものを樋口重夫さんがいろいろまとめておられてます。だから宗教界、宗平協という、二つの名前になったんです。それを見ていて、各地宗平協を入れなかったら日本宗平協にならないと思ってここに入れて変えたのですが、この表には私の知っている札幌・北海道のものしか書いてないいんですけど、こういう風に入れてもらいたいなと思ったわけです。上の三行を読みます。

「この年表は九二年四月全国拡大理事会の際、樋口氏が作成したものを底本にし、三区分に配分し添削もした。宗平協史の区分については、一～三期は小室裕充さんがなさっていたのです。それで民主主義と宗教の中に彼が別のを、それを僕がここに書き込んだわけです。それで、四期～六期は橋本が内容に即して追加した。各地宗平協に編入したのは、宗平協運動は東京のみでなく地域のすそ野が大切であるし、今後の課題であるとの認識による」と、ここまで書いて、次の年事務局長になって以来忙しくて一行も書き加えていなかった。この時ここに書いて

橋本左内理事長

ある様に、全国拡大理事会の際に作って配ったのですから、その時出た人はみんな持っているはずです。ところが、これを土台にして打ち直して皆さんに持ってこようと思ったんですけれど、これが見つからなかった。去年の八月から探したんですが。それで、この一週間前からもう集中的にまだ整理してない資料を全部探したけど出てこないで、ガクッと来て、連れ合いの前でぼやいていたら、「ベランダにダンボールが三つあるよ」という。それで調べたら宗平協のファイルとこれが出てきた。他の資料にくっ付いていて、パリパリパリっとはがしたら、原本が出てきたんです。それをコピーして持ってきたんです。だから、本当にジャングルの中で指輪を見つけた思いでした。

　そして、これが見つからないで諦めてこっちの新しいものを打ち込んでいたのです。それで、だからこっちの方がさらに詳しいところもあるけれども、まだ全部追跡できないので、こういう掴みです。あとはみなさんに知恵を頂きたいんですけども、やっぱり、宗平協が主体なので、宗平協を一番左側に置いて、そして地域も全部この宗平協の中に入れたいと。それで、右側に日本史と世界史の重要なものを置いて、これにしっかりと対応してやってきたんだよっていうことで配慮してきました。それでこの宗教界・宗平協に関わらない人のはまた別に、真ん中ぐらいに、一般史と宗平協の歴史の間にそれを置いて対照的にしようかなって今考えていますので、お知恵を頂きたいと思います。

　それと、この小さい方の最後に書いてあることもちょっと読みたいと思います。こちらのね。

「各地宗平協へのお願い。ここにお送りしました『宗平協五〇年史稿』の草稿につきましては、日本宗平協の活動のあらましが記載されております。これに地域活動を地域の代表的な方に書き込んでいただいて、文字通り日本の、宗平協活動を網羅した上で、「稿」を外して日本宗平協史にしたいと考えています。つきましては各年度ごとに、行間を空けてありますところへ地域の取り組みについて記入をお願い致します。一・一五などの数字は月日を表します。各種の年表を見ましたが、この表記方法が歴史をさかのぼり資料を探すのに好適であると考えて採用しましたので、月日の判明している事項に関しましては文章の前に記載して下さい。ただし、不明な場合は記載が無くても結構です」

これは一応、今ここに、先ほどから出ている、この大きい新聞型とそれから基本型ね。これもまだ五〇〇号に達していませんが、並べて、全部項目を打ち込んでいきたいと思います。第二七項目あるんですが、九月一日っていうのを、項目だけちょっと書き出したんですよ。一号でこれぐらい入れなきゃならんのです。ですから大変だけれども、これ全部そろえない限り、日本宗平協の歴史はただ堆積されてるだけです。これを立体化しようと思って今考えています。だから一人でできないから、全部揃ったら分担して打ち込みをするということになるかもしれませんが、今日皆さんの前でお話しする事に関わってそういうことがありましたのでご紹介します。

さて、それでは恵庭・長沼の取り組みから話したいと思いますが、こういう地図を差し上げましたので、これを頭に入れて、喋りたいと思います。

この左の上が石狩湾です。ここのところがみなさんが北海道に行く時に離着陸する千歳空港です。ここには第二航空団があります。ここは自衛隊だけになる前は、アメリカの空軍基地だったわけです。ここは千歳なんですが、千歳は、元はアイヌコタンが二〇戸ぐらいの村だったんです。それが日本の海軍の飛行場がおかれるようになってから、二〇〇〇人ぐらいの町になったそうです。そこへ日本が負けて、アメリカのオクラホマ航空団がニ万人も入ったんです。ソビエトに対決するために二万人の航空団が入ってきた。それに兵士たちのいわゆる慰安婦たち「オンリー」と言われた人たちも同じほどの数と商業関係者が来たから、五万人の市になったそうです。

そういうことで街が退廃しているので、米軍の良心的な将兵がカンパをして千歳栄光教会っていうものを建てた。そこに岸本という牧師がおりまして、僕が招かれて行っていたわけです。岸本牧師が昼間、町を歩いていても怖いほどの基地の町だったそうです。

そういう千歳なんですが、この飛行場がなぜあったかというとですね、ここに、これがいわゆる沖縄にも三沢にもある「象の檻」といわれる電波基地なんですね。ここにスパイ基地と書いてありますが、ソビエトの情勢を掴むために、これを守るために、この電波基地を守るために戦闘機を置いたわけです。

ところがソビエトのミグ戦闘機が非常に性能が高くなったから、アメリカの飛行機だけでは守れないのでナイキ・ホーク、三〇キロ飛ぶホークを設置した。それで、ここに、ここの基地は、こっちは千歳・恵庭演習場で、こちらは島松演習場とありますね。この間に、漁川、(いさり)とあるんですが、この川の所に農場が二〇軒ほどあったわけですよ。それで、この農場を買い取ってこの千歳・恵庭と　島松演習場を合併すると、この端から端にとばすと三〇キロになるんですね。

それで、この拓殖銀行がこの地域の農場を買いに来たのです。理想的農場をつくらないかと。ところが野崎さんっていうのが、社会党の党員で、社会的なことをわかっているから、それを見抜いて、野崎さんだけ売らなかったんですね。だからみんなは売る契約をしてるけれども、野崎さんは契約しなかった。しかし米軍時代から演習があって、ものすごい爆音です。この千歳飛行場上空へ上がって、野崎さんの農場のサイロを目印に降りてきて、そこからこっちの射爆場に入って行ってバンバンと撃つわけです。牛たちが流産してお乳が出なくなるから、農家は、上がったりになったわけです。で、野崎さんは米軍に対して交渉をして、僕らが行った頃にようやく訴訟で勝って、二〇〇〇万円要求したんだけれども、一二〇万円出たということです。

ところがその後、米軍が引き上げて自衛隊だけになった。それでまた抗議をしたら、「俺らが守ってやるからお前らが百姓できるんだ」っていうような、そういう関係の中で事件が起こるわけです。

それで毎朝、野崎さんは、恵庭にある総監部に「演習しないでください」って電話して、「わかりました」と言うので電話切った後、農場に出ていると、ドカーンと一五五ミリ・カノン砲っていうのが飛ぶ。で、そういうことがくり返され放っておけないので、演習がまた始まったので、野崎兄妹が行って砲台の前に座り込んで抗議した。そこで、「やらないから、もうやめたからもう帰ってくれ」って言うんで、帰るんだけども、嘘つくのがわかってるから帰る途中で電話線を、連絡電話を切れば撃てませんからね、それを切って帰ってきたんです。帰ってくる途中で自衛隊が追っかけてきて野崎さん兄弟に暴行を加えた。

そういうことがありながら自衛隊は告訴して、翌年の三月に起訴されたんですね。それを深瀬忠一さんの弟子である笹川紀勝という北大の学生が、新聞のこんなちっちゃな記事を見つけて、「先生これは軍事裁判だ」ってわけで、北海道キリスト者平和の会の委員会に提案して、これは取り組まなくちゃならない、っていうので取り組もうとしたわけです。

その時私は、千歳の教会にいたから、お前の隣町だから行って調べて来いということで行きました。野崎さんの隣りに千歳栄光教会の信者の細川さんがいましたから、まずそこへ行って事情を聞いて、それから野崎さんの所にいきました。兄弟は畑に出ていていないで、お母さんが対応しました。この人は途中で騒音の関係で胃がんになって亡くなったのですけども。行ったら最初に「平和憲法が生きてるなら私たちを守ってくれるはずです」と言われて、「その通りです。我々もがんばります」ということで戻って、委員会に報告しました。そのころ恵庭事件って言わずに野崎事件の名前で、北海道キリスト者平和の会の課題として取り組んでいったわけです。だからその後、北海道平和委員会、北海道キリスト者平和の会、国民救援会、そして教員野崎さんを守る会、この四者で始めるわけです。

ところがみんな最初は、いわゆる総評社会党系もやるっていうことで、「恵庭事件対策協議会」っていうのを開きました。それで、開いたら僕らは初心者で何も知らない。両方の青年たちが激論を交わすんです。「安保共闘会議を再開しない限りこの会は成功しない」って民青の人が言うと、社青同の側が、「そうじゃない」って言う、なんじゃこりゃと思うわけですよ。結局開店休業になったんです。一回目で。それで我々は、しかし裁判は進んでいくんだから、実務を進めていこうっていうんで、恵庭事件対策協議会ではできないけれども、「恵庭事件対策委員会（準備会）」っていうのを立ち上げ、最後までそれでやったんです。それでこれに取り組んで、ただ裁判所でやるだけではなくて、農民と団結、さきほどから出てます、「団結しなければ勝てない」というので、野崎さんの所へ援農に入るってことを企画実行しました。そして一緒に問題を考えて取り組む。そして、その援農方式は長沼事件の最後まで続いたのです。

戦闘機だけでは足りないからミサイル基地、三〇キロ射程のナイキ・ホークを設置したのでした。これは第三次防衛力整備の計画の中です。ところが、ソ連の戦闘機がさらに強くなってきたので、三〇キロでは間に合わないから、一〇〇キロ以上、一五〇キロ射程のナイキ・ハーキュリーズじゃなけりゃ駄目だということで、ナイキ・ハーキュリーズをこの馬追山に所に設置したわけです。ここに書いてある馬追山の北の端っこに三五ヘクタールを切り開いてミサイル基地の設置が始まった。それで、長沼の農民たちがこれは危ない、町民も危ないと。水源涵養保安林ですから、飲み水だけではなくて洪水が起きないようにと、木を植えて、一〇〇年以上たってようやく安定しているのに、ここに三五ヘクタールもコンクリートやアスファルトじゃ危険だというので訴えた。

恵庭事件で、足掛け四年で勝ったんですけども、一年置いて今度は長沼で町民が訴えたと。「よし、これは恵庭第二ラウンドだ」って取り組んでいった。それで、この長沼の現地へも、援農へ行きました。こちらの方は農民はたくさんいるので、その中の象徴的な藪田さんと言う共産党の町会議員の農場を中心にして、その他も援農に行きました。

そういう形で取り組んできて、ご存知のように長沼事件は、第一審で福島重雄裁判官の下で「自衛隊は憲法九条第二項に違反するから、基地を撤去して元の通り木を植えなさい」という歴史的な判決が出たんですね。これが守られていれば、もう自衛隊は無くなったわけですけども、まあその時のを、「長沼第一審判決三〇周年記念集会」に福島さんが久しぶりに出てこられて、公の前でこういう風に話をしてます。大変おもしろい話です。それで、これは、長沼事件で北海道キリスト者平和の会の、その頃担当していた榎本栄次さんが今、「滋賀・京都キリスト者平和の会」の活動をしています。また、福島重雄・水島朝穂・大出良知（共著）『長沼事件　平賀書簡――35年目の証言　自衛隊違憲判決と司法の危機』（日本評論社）を参照ください。

この席に、村上静男さんがいますが、この時私は、北星学園男子高校の教師をして、二年生の時に彼の担任だったのです。彼の三年の時、その頃自衛隊が、自衛隊記念日には、札幌市内を戦車が行進していたんですよ。それで「許せない」っていうので、その恵庭事件対策委員会で、やったのは平和委員会とキリスト者平和の会ですが、大通りの一一丁目のガソリンスタンドの前にひな壇ができますね。そして知事と北部方面総監の二人が並んで、後にお歴々が並んで、その前を自衛隊の戦車で行進するんですね。「許せない」っていうので、対策を練って、そのどん真ん前に畳大のたて看板、これは平和委員会ですが、「自衛隊は憲法違反だ」ってずーっと並べたんです。それからキリスト者平和の会は「剣を打ち変えて鋤とせよ」という横断幕を作り、それを、竹竿につけてもっと高く上げたんですよ。そうしたら、隊友会のこんなでっかい、柔道、剣道出来る奴が迫ってきて、僕らを排除しようとしました。で、「我々は市民の表現の自由でやっているんだ。体にさわってみろ、お前ら負けるぞ」って言ったら、さわれなくなっちゃってね、彼らも考えて、どこかへ行って赤い幔幕を持ってきて立て看板を隠したんですよ。面白いじゃないですか。写真とってありますよ。ところがね、幔幕は僕らの竹ざおの上まで届かないのよ。だから最後まで、知事の挨拶も総監の挨拶もそのままやっちゃった。それで、次の年から市内の戦車行進をやらなくなった。それで真駒内基地の、自衛隊の基地の中で行進しているだけで、今でもそうですよ。

それで、一番最初に、もうひとつは、野崎健美《たけよし》・美晴《よしはる》という兄弟のお父さんは健之助さんという方で、ものすごい権利意識の強い人でした。家族全部それに教育されたのですね。だからこれだけ戦えたんですけども、健之助さんが、その恵庭事件の対策協議会の、最初の一回で終わった総会で、「憲法違反の自衛隊の関係者に傍聴券を一枚も渡さないでください」って、訴えたわけだ。それを引き受けて、あの頃ね、札幌地裁、古い地裁、もう今は無いんですが、四七席。それを確保するためには毎回五〇人以上、全時間、前の晩からですから、確保しなきゃならない、全部の時間帯を作ってやりました。第一回目の時に、我々が五〇人ほど並んだ後ろに五、六人、サングラスのお兄ちゃんが並びました。自衛隊から派遣された者です。しかし、彼らは税金で訓練できるわけですから、いつでも何人でも出せるんだけども、我々の迫力に負けたのか二回目からは並びませんでした。だけどもその晩、我々が、その頃歩道で寝ていたんですよ。テント張ってね。ところが自衛隊の、そのころまだ戦車が来て、威嚇していきました。そういう厳しい状況の中にあって、その後に戦車を来させなくしたんでしょう。そのような中で、はじめ歩道で寝ていたんですが、守衛さんがね、「そこは固いから芝生で寝なさい」って言って。それで芝生にテントを張ったのです。テント学習って毎晩学習をして、それから泊り込む者は泊り込むんですが、あの頃はカンテラを焚いて学習をしていたんです。そしたら守衛さんが、カンテラは危ないし不便だからってね、邸内からコードを引いてくれました。それは我々が座り込みをした後、きれいにして、秩序正しくやっているのを見てくれたと思うんですよね。初めは、集会すると、みんなゴミ散らしてましたけれども、そこはキリスト者の方から提案して、掃除した。その後は別の一般的なデモの後で民青の人たちがゴミを拾って、袋を持って集める習慣までいきましたね。だからそういう守衛たちが僕らに賛同してくれて、そこまでしてくれるっていう時に、「これはいける!」と思ったんですね。

国家権力があのような中で福島さんをいじめた。それで福島さんは頭にきて辞表を突きつけた。それで、辞めては大変だっていうので、みんなで署名をし、手紙を書き、電話をかけて、福島さんの辞意を撤回させた。そして、違憲判決を勝ち取ったという。だからそういう意味で、あらゆる総合的な人の繋がり、連帯と団結というものを一通り教えられながら、参加した一人ひとりが変革されるという幸せな経験をしました。

一番最初のその対策評議会の総会に行った時に「現調」に行こうってね。「現調」って言葉を知らなかったんです。現地調査ですね。「幻聴」ってどういうものが聞こえるんだろうっ（笑）てね。そういう未熟なものがここまで育てられたと。ほんとに連帯と原則の正しさとこの二つだったと思います。それともうひとつは、社会党とか総評とかね、大きな集会になるとでかいバスを持ってきて上でデーンと演説するんだけども、署名とか援農とかには来ないわけですね。そういうものをよく見極めることが出来ました

（司会者）

ありがとうございました。

（橋本）

それとあとひとつ、今度のイラク派兵に対する名古屋高裁判決ですね。これは九条一項に違反するということで確定しましたね。そういうわけで、この訴訟で頑張って来られた憲法学者・小林武さんが、今年の二月の一一日に中央の集会に来て話をされたんですね。僕は靖国問題の項目で話をしたんです。その後、会って話をしました。先生は北海道大学の深瀬忠一教授の平和的生存権理論を武器として闘いました、と言われました。

さらに発展させましてね、恵庭では一般的に百姓する権利、営農権を守るということで平和的生存権を基に、福島さんが違憲判決を出したんだけども。名古屋の方はさらに進んで、宗教とか信条を持っていて戦争は嫌だという人は、そのことでも、ちゃんと権利要求して請求できるんだという所まで、具体的に、平和的生存権っていうのは、そこまで深まったということで、池住義憲という支援の会の代表の先生が、日本中を駆け回ってこれを今、講演して歩いてます。そういうのに繋がることができて、本当に「平和を創り出す人たちは幸いなり」でした。

（司会者）

池住さんには、去年の日本宗教者平和会議、金沢・小松の現地調査の際に来て頂いて、講演いただいたわけです。他のみなさんで、大事な問題で、この間小泉安倍内閣でですね。このまま行くんではないかと、みなさんもこの問題に取り組んだだろうと思いますけども、どなたか続けてあればと思いますけども……。

（宮城）

ひとつの危惧は、みなさん共通して持っておられると思うんですけども、小泉内閣、安部内閣なんかが失脚して、自公政権が失脚したと。

もちろんその中で憲法改定案が出てきているけれども、憲法問題については自民党だけじゃなくて、民主党もですね、独自の憲法問題を見てるし、ある意味では、その恒久派兵法なども視野に入れて、政策を持っているあたりではですね、僕は、憲法問題については、今、民主党大荒れに荒れて動いているけれども、五月を前にして投票法案が、この五月で動き出せるようになると。そうすると、国民は理解してるだろうと思う。天皇陛下そうおっしゃるだろうと思う、というような調子でですね、既成事実として、国民投票法案はもう決まったもんだという形の中で、憲法問題が突如として出てくるんじゃないか、検討する暇なしに、抜き打ち的に出てくるんじゃないかっていうようなことを、ちょっと心配はする。

こういう問題がある。これは重しになるかもしれんけれども、民主党の姿勢は特に憲法問題については、官僚の発言をですね、封じてしまっているあたりの中で、でも勉強もしていない政治家たちはが、あるいはそうした動きに出はしないだろうかという恐れもあります。

どうお思いになりますか？

（日隈）

日本宗平協が一九六二年の結成宣言（『宗教者と平和』新日本新書）で、「平和憲法の改悪に反対」と打ち出したわけです。私はこれは非常に先進的だったと思うんです、この時点でですね。それは今ますます重要になってきている。特に九条を守れの一点で、「九条の会」というのが宗教界にずっと広がってきまして、「宗教者九条の和」をはじめとして、各教団の中にもそれぞれ生まれています。私はこの九条を守れの運動の中で、宗教者の果たす役割は、大変大きいんじゃないかと思うわけです。

自分の地元のことでお話ししますと、私は横浜市の南端に住んでおりますが、そこには革新懇もまだできてなかったような、そういう意味では民主的組織はまだ弱かった、新興住宅地を中心として、古い農村地区もあるわけです。そこへ「九条の会」ができまして、第一回の総会も、四年前ですけれども、画期的な数が集まりました。三〇〇人ぐらいですが、そういう集会はやったことがないわけですね。二〇〇人以上の会なんてのは。その時挨拶をされたのが、ひとりはお坊さんで、ひとりは牧師さんです。そういう方々の話が集まった方々に感銘を与えました。その後、ふた月に一回位学習会を続けています。「九条の会」がいろんな所で広がってきている。

だから、これは大変だと、向こう側の中心になっていた愛知和男っていう自民党の議員でしたけれども、彼が「九条の会」というのが全国に作られている、我々も負けちゃおれんという様なことを言った事があります。ところが、彼をはじめとして、いわゆる靖国派と言われた戦前回帰、憲法を変えるといった、そうした連中が、昨年の衆議院選挙で大量に落選したわけです。

ですから、宮城先生のおっしゃったように、確かに彼らは一段落したようだけども、しかし現実は非常に危険な状態なんです。私たちの運動は手を緩めることは出来ないだろうと思います。おっしゃったような国民投票法案は五月ですし、区役所なんかに、総務省のパンフレットが送りつけられているんです。区役所なんかでみんな取れるように置いてあるんですよ。実際民主党の様子もおっしゃる通りですし。

(司会者)

宗教者九条の和の方はどうでしょうか。宮城先生。

(宮城)

このところね、事務局会議にね、立場が変わってから行くというゆとりが無くて、行ってないんですよ。ですから具体的にどうだって言うのは、ちょっと今、答えを出すと、事務局を超えてしまう事になるから……

（出口）

京都で去年五月三日の円山集会の時には、瀬戸内寂聴さんと益川さんがみえて、四六〇〇人が集まり、円山公園では最近としては画期的な集会でした。宗教界にも呼び掛け、特に後のピースウォークでは、かつてない五〇人近い宗教者が行進しました。ＹＷＣＡとかキリスト教婦人矯風会とか、キリスト者平和の会や宗平協のメンバーも参加しました。その時にピースウォークでいろいろなアイデアを出すコンクールがあったんですが、そこで鈴木君代さんが歌ったり、私たちも聖歌隊のガウンを着て、一緒に「We shall over come」だとか「Amazing Grace」を「恩徳讃」の替え歌で歌いながら行進しました。それで私たちはピース賞を頂いたんです。こういう行進は最近には無かったことで、そういう意味では、九条を守ろうっていう思いが宗教界に広がっているし、東本願寺とか西本願寺の中でも、九条を守る運動が起っています。それから東本願寺の方では、「非戦決議」も出されていますし、そういう意味ではもっと裾野を広げていかなくてはならないなあと思うんです。一方で、「ああいう九条の運動をやってる人は、かつてキリスト教会で過激な運動をやっていた人たちがやっている運動だ」ということが、今、右傾化されていく日本キリスト教団の中で、そういった見方がされてきているそうです。京都でも地道な運動もあるけれど、跳ね上がったような運動もありながら、憲法九条を守るところで、一致してやろうというところで手を繋いでいますが、反動派の中ではそれをひとつの攻撃の的にして、右傾化していくという風な動きが作られているというのが、一方で問題だなと思っています。

（司会者）

他には……。

（新間）

私の住む神戸では、割に小さな区域で九条の会が、できているんですよ。私も三つぐらいの会に呼ばれて講演に行きました。いかにもその、その辺の狭い地域で、一〇人、二〇人がね、集まって話を聞いてくれる会なのです。地域に根ざしているという感じをもっています。

（橋本）

先ほど靖国国営化反対の運動で、『町の靖国』って取り組みが大事だと。それで今、九条の会も、私は東京都昭島市ですけどもね。昭島市として「九条の会・あきしま」がスタートしたんですけども、最初の集会はどうするのかっていうので討論・議論した時に、やっぱりスタートだから、ちょっとでっかいのを開きたいとみんなそういう気持ちがあるじゃないですか。それはそれで否定はしないんだけども、基本は町内会単位で、九条の会を作れるかどうかっていうことを主張する、正しい主張もありましたね。それで、両方成功したんです。その一回目は、オープニングの時は元首相夫人、三木睦子さん。睦子さんは本当にいい話をしてくれました。安倍首相のお父さんとお母さんの両方の系列から見て、父方のおじいさん（安倍寛さん）は立派に人権と平和のためにたたかった人なのに、お母さんの系統（岸信介）の事ばっかりやっていると言っててね、叱っておられましたが、本当にいい話でした。事務局長の小森陽一さんにも来てもらった。そういうことで一二〇〇人の会場がいっぱいになったんです。それと平行して、今、地域の九条の会、それから、四つほどできていますけど、今はそれを追求していて、私は今宮沢町なんだけども、宮沢町も広いもので、マンションの私の住んでいるプレイシア・マンションの九条の会を立ち上げる準備をしている、そういうことから言えば、お寺さんとか教会さんが、町内にあるので、そこに行って町の九条の会を作る、いい場所にあると思っています。

（司会者）

この問題、まだまだ議論したいんですけども。一旦ここで次のテーマに。次のテーマが終わったら少し休憩を入れたいと思います。

五　国際連帯と世界宗教者平和会議

五番目のテーマは国際連帯です。最初のテーマでもふれられていましたけども、一九六一年に京都で世界宗教者平和会議ですね。それから六四年に東京で第二回目の世界宗教者平和会議、そのころからベトナム戦争が激しくなってますね。ベトナム、あるいはインドシナ三国の人民支援という運動に宗平協も取り組んできたわけですけども、交流と運動の中で一九七二年に「インドシナの平和と正義のための世界集会」が東京で開催されました。世界的にですね、この広まりに、一九七五年四月三〇日にサイゴン解放があって、ちょうどメーデーの前日で、私もその頃は労働組合に参加して、翌日。みんなですね、前日急遽ですね、いろんな看板作って、ベトナム解放万歳とかそういったのがメーデーの会場でも見られたという、まあアリが象を倒した、そういう大勝利を獲得するわけです。

それから一九八一年には東京で軍備撤廃・核兵器廃絶を目指す世界宗教平和集会が開催されたわけです。こういった中で仏教ではアジア仏教徒平和会議、キリスト教ではキリスト者平和会議あるいはアジアクリスチャン平和会議などを通して国際運動に参加してきたわけです。一九八〇年の後半には反アパルトヘイトの運動が国際的に高まる。一九八八年にはＡＮＣ、アフリカ民族会議の東京事務所が開設され、年表にも載ってましたけど、これの支援に宗平協も参加するわけです。アリが象を倒す民族解放、あるいは核兵器廃絶の世界の平和を高め、長年に渡ってきた白人による黒人支配を無くすと。こういった運動、国際世論、それを監視する連帯運動があったと思います。この問題、これから先もですね、私たちも模索していかなくては、模索と言うか続けていかなくてはならないだろうと思うんです。この問題について最初、宮城先生の方からお話いただければと思います。

（宮城）

そのテーマを頂いていたんでありますが、私はですね、どちらかというと宗平協運動の参加としては奥手の方な

んですよね。ですから、当初段階では、宗平協の主要メンバーが参加していたＡＢＣＰとニューデリー宣言のあたりは、私まだ参加していなかったし、そこらのところは補充して頂かなければならないと思うんですが。

京都では、戦後まもなくと言っても、昭和二八、二九年だったと思うが、京都仏教徒会議というのが出来ましてね、大西良慶さんを筆頭にしてですね、発足をいたしまして、その京都仏教徒会議、ここの中にも久しぶりで鈴木先生の名前が出ていたりですね、大西良慶会長が亡くなったこと、細井友晋会長が亡くなった、鈴木先生が亡くなった等、たくさんの人が逝ってしまったなあと。しかしそういう風に亡くなっていった方たちの地固めによって、京都仏教徒会議が、仏教の現代化運動というのに取り組んできて、それで私の父親もその設立の時の世話人であったのが、設立してわずか三年ほどで死んでしまったわけなんですが、すると、友晋先生が「あんたも宮城信雅の息子やったら、これに入らないかんがな」と言うて、強引に会合に引っ張られて入っていったと。その頃はもう本当、何がなんやら。どちらかと言うと私はノンポリの方でしたから。まあそんなことで入るようになりました。

ところが残念なことにですね……個人的な問題なんですけど、一九六一年にです、ちょっと宗派内の内紛が起こりまして、宗派の分裂が起こって、それをまとめるのに実は二〇年間かかって、ようやっと元の一本に、三分裂したのを一本にしたという、私の青春をかけた大事業に実は取り組むことになるんです。

その中で、少し落ち着いてきたあたりになって、動きが取れるようになったな、というあたりに、ですからあの、ゴ・ディン・ジエム政権の下でですね、ベトナム仏教徒が迫害をこうむった、虎の檻に放り込まれた。そして北ベトナムではですね、北爆によって多くの寺院が、民衆の拠り所である多くの寺院が、一つのターゲットとして北爆を受けていったという中で、大西良慶さんを代表委員にして、ベトナム救援京都仏教徒委員会の名前のもとに募金を始めて、そしてベトナムの仏教の復興のために、その主義主張を超えてこれを使おうと。だから集まった浄財は、北ベトナム、南ベトナムを問わずこれを届けて、仏教復興に役立ててもらおうじゃないかということで、南北分断されていた時に届けに行くという運動で、ティック・クアン・ドックさんが焼身供養をなさってから、ちょうど一〇年たった一九七三年にハノイへ入ることになったんですよね。その時はベトナム、まあハノイへ集まった金の半分を。それからサイゴンへ集まった金の半分を持って行くと。ハノイへ入った人はサイゴンへは入れないよ、ということで、それはまあそうだなあというあたりで、五十嵐隆明さん、前の永観堂の法主さんですね、と一緒に大西良慶さんところへ挨拶にいったら、「あんたらいかはるか。帰って来はったら赤いぼんさんと言われるやろうけれども、私ぐらいの年までおんなじことゆったら、白いの黒いの赤いのってなことはもう言われんようになるわ」と言われて。まあ九〇代や、あの良慶さんがね。まだそこに届かへん。(笑)

まあ、当時ベトコンっていう風な世界の中へ入り込んでいく中で、人々はそういう風な目で見ていたけれども、良慶さんのおっしゃる通りやと。ハノイへ支援金を持って行き、同時に、北爆の下でどのような悲惨な事実があったのか、そしてそれがまたどのように復興運動に携わっているかという強い、それこそ先ほどのアリが象を倒したじゃないけれども、凄まじい北爆の下でも、ベトナムのサーカス団が結構、北爆の下でもサーカスをやり続けていたという事を目の当たりにしてですね、本当に人民の力というか、地道な活動、まさに地面に潜りながらも生き続けていくという、そういうのを学んできたんです。

そうした中でですね、京都ではそんだけの金、当時とすれば大金だったけど、七〇〇万円ほどだったんですね、集めた金が。やはり、坊さんが動くということによって、大きな金が集まるもんだな、っていうことをやはり思いました。それはその後の、宗平協の活動ではなかったんですけど、一九九四年あたりにはですね、ベトナムの医学生を支援しようやないかっていうんで、やはり京都宗平協のメンバーが中心になって、支援金を集めて、ベトナムのこれはサイゴンですけれども、慧静堂医療鍼灸システムの支援、ソフトの分の支援をするようになったのも、やはり坊さんが、これは主としてそのベトナムの仏教徒との関係でしたから、僧侶が中心になって動いたわけなんですけども、僧侶が動くということは重要な問題なんだという事は、常に思い続けて来ましたですね。

海外っていうのは支援とそれから交流というものを、その交流を続けなければ物事は実らない。という一つの例としては、その慧静堂システムを、交流を続け、支援を続けることによって一応当初の目的を達したという、向こうの方の、慧静堂システムの方からの話があり、それの終焉を見たんですけども、それ以前に、あるいはウランバートルで、一九七九年、ＡＢＣＰの会議があった時にロン・シムというお坊さんがカンボジアからＡＢＣＰの会議に駆けつけて来て、そしてＡＢＣＰの支援といいますか調査を要求してきた、ということがありました。それによって一九八〇年に、中濃教篤先生を代表にしてカンボジアのジェノサイドを調査に、えっと、その時は……。

（鈴木）
それは三回目ですよ、七九年にね、ロン・シムさんにね、私カンボジアで会ったんですよ。七九年の四月です

（宮城）
七九年に行かれたんですね、あなたは。そして……。

（宮城）
それで、四人ほどで行きましたね。今のカンボジアの

NGOの事とちょっと関係してるんですけれども、その当時の写真を見ても、そのような写真を、今NGOの活動報告の中に、宮城さんのその写真を使うことはできないな、というほどの、今のんびりした時代の中でのNGO活動なんですよね。刺激が強すぎるからこれは使えないと言われた。しかしながらそういう風な顔を僧侶が見てくる、人々が見てくる、それを後々までもね、忘れない、そういう狂気の沙汰に人間が陥ることができるという、そういうことをやはり、ずっと忘れずに告発し続けていかなければ、すぐにぬるま湯の中に浸かってしまうような思いをもっていってては駄目なんだと、その当時の凄惨な状況を常に新しい意識でもって持ち続けていくことが必要なんじゃないかな。そうでないと、戦争の悲惨さというものが語ることができなくなるんじゃないのかなというようなことを思うんですけどね。

ちょっと余談になりましたが、そういうカンボジアを訪問したのが始まりで、そこでテップ・ボーンさんに会ったのが最初だと。それでテップ・ボーンさんとのその後の交流の中で、最終的にはウナロム寺の中にカンボジアで失われた仏教、虐殺によって坊さんが失われた、坊さんが失われただけじゃなしに、仏教の学問そのものが失われていった中で、一番大事なのはお坊さんの教育だろうということでウナロム寺の中に仏教高等学院というものを作ろうということで、京都仏教会や高野山真言宗が、主に運動を広めていって、ついには、そこそこの費用を出すことによって、そしてウナルム寺の中に、ハードの面で教室を作ることが出来たというのを、やはり活動というものを、その時に実際に実施しただけのもの、巡見して、現地を見てきただけでなしに、それを引き繋いでいくという事がね、大事なんじゃないのかなっていう事をつくづく感じているんですよ。

その間には、再三にわたって訪問し、一九九三年にUNTACで自衛隊がタケオに入っていた時にもタケオに取材に行くとか、そういう中でカンボジアの問題に、カンボジア人民とそれからカンボジアの国と、そういう風な問題について少しは学習しながら、今日まで取り組んできている。というあたりは今度はNGOに関わる問題

座談会の様子

としてちょっと勉強せなあかんという風なことを思うんですが。

国際交流というのは、その点では宗平協そのものの活動じゃなくてABCPなんですがABCPも宗平協の多くの人たちがいっていた。それが二〇〇三年のラオス会議で、翌年はロシアでやろうじゃないかっていうのが第一一回目を予定されていたけれども、中断したままですね。もう中断して長らくなるんだけれども、それはロシアの国家の大きな変革があったということやら、政府の丸抱えであった仏教徒の、共産圏におけるところの政府丸抱えであったような仏教徒の、それは言い過ぎかもしれませんけど、そういう活動の低下というものがあったのか、いずれにしても続けられなくなっていったということについては、非常に残念には思うんです。が、やはりそれは、続けるべきであろうと。もちろんその中には北朝鮮の問題で石川さんが北朝鮮の代表団とNTPだ、脱退問題で激論をしたりとか、あるいは先程おっしゃったようにロシアと中国との問題だとかいうことで、足並みが揃わない問題があるにせよ、私はそれを乗り越えていけるところに、政治勢力に関わらざるを得ないけれども、それを乗り越えていく所に宗教者の立場、使命があるんじゃないかなというようなことを思うんですね。

ですから宗平協が今日までずっと続けていた世界宗教者平和会議、やれば金かかるんで大変なんだけど、困難を乗り越えて続けるという姿勢だけは、持ち続けなければいけないということは、いつも思っていますよ。

アパルトヘイトの問題をね、僕ちょっとね、直接関与していませんからわからないので、それをどなたか……。

（鈴木）

だいぶ私もアパルトヘイト問題も、初期から関係はしたんですけど、その前にですね、日本宗平協そのものの、第一回世界宗教者平和会議から、八〇年代の最後の集会は、大集会になった、軍備撤廃・核兵器廃絶の世界宗教者会議が新宿で開かれたと。それを貫くもの、貫いてきたものの中には、特定の国の政治路線には、特定の政治野心の押し付けには、絶対承認しないと、そういう押し付けは。ということは、基本原則としてずっと貫いてきたことですね。ですからそのうちに押し付けが出てくるんですよ。例えば先ほどの第二回の時には、中国側の押し付けがあったんですよ、ソ連の代表を入れちゃいけないと、入れるな入れないだって、両方入れるっていう事でさ、そんなバカな事ができるかと中国のいくら言っても、やってのけてしまう。これはすごいことだと思いますよ。ですから、それは中濃教篤先生なんかもよく言われているのは、特定国のね、特定の国の政治路線の押し付けには絶対従わないし、容認しないという姿勢を貫いていきたということです。これはアジア仏教徒平和会議が70年代、今のＡＢＣＰというのがそうですけれど、出来た時もそうです。しかしＡＢＣＰというのはベトナム仏教徒支援のためのアジアの仏教徒の団結を、連帯団結を基調としたものであるにも関わらず、ソ連製なんですよね、そもそもが。ソ連の外交路線の押し付けが激しいわけですね。それでソ連の従属国にされてたモンゴルをまず本部にして、そこを中心にしてやってくると。いかにソ連の大国主義的なというか覇権主義的な政治路線の押し付けと、やる度に抵抗するんですね。だから他の国の代表は、日本の代表は失礼だと。こうやってね、ご馳走にもなり何もかも出して貰って。(笑) 俺らの所は出してもらっちゃいねえんだとね。どうしてそういう風に逆らうんだと言うから、そんなの当たり前じゃないかと、問題が違うんじゃないかと。というぐらい極端なおかしなことを言うまでにね、主体的なものを貫いてきたと。とりわけね、中濃先生が一番ここにいたんで、文革の時ですよ。日中仏教交流懇談会、それを一生懸命やってきて、そしたらね、文革になってから困ったんですね。相手がいなくなる。その時にね、我々は、曇鸞さんってというあだ名つけられているほど、玄中寺の問題に忠実であって、中濃さんの上に立ってた　菅原恵慶さんという、うちの宗派の坊さん、そのあとの宗教交流懇談会になってから、菅原さんの養子が、やっぱり責任者としてだいぶ中国やなんかに行ってましたけども、この宗教人懇談会に切り替えられた時に中濃さんね、この書いていますよ。やっぱり書いているというか、座談会で、宗平協で作った「地球と平和のため」の最後の方にですね、「日中仏教交流懇談会では文革がどんな形で終焉して、中国仏教教会が動き出すか、それまでその運動には参加しない」と。既にね、菅原さんとかはね、赤い毛沢東語録持っているんですよ。それでね、「中濃君は私について来ないと言うけれどね、鈴木君、君は大谷派だからね、ついて来るだろう」ってね。だから、「そういうわけにはいかない」と。「毛沢東語録を押し頂いてまで運動する気はない」と言うと、「貴様もか」てね。その時にね、中濃先生が書いていますけど、「文革大賛成の方と連絡を取って、分裂組織を作ったのが日中友好宗教者懇話会です」今これ名前はいまだに、自分たちがやってきたような顔してやってますよ、ずっと。その時にね、「中国で文革によって宗教が無くなっても我々は日中友好運動を続けます」なんてね、誰が相手にするんだよってね。それで文革が批判された時に、自分たちがそれに賛成してきてやってきた事を、なんら反省もしないんですよ、そういう人は。「文革をあんた方、なんだと思うんだ」って言ったってね、すっとぼけるんですよ。今はとにかく交流だ交流だってやってるんですよ。国際交流にも基本的なそういう姿勢を堅持してないと、ただ振り回されるだけの要素になってくる。それらの問題はキリスト教ではCPCの問題。その後の仏教ではABCPの中でやってきたんですが、今開かれないのは、もうお解かりのように、今、アジア仏教徒平和会議をモンゴル本部と主導としてやったらば、中国はカンカンになりますよ。もうチベット問題とか、ダライラマ問題とか。今、モンゴル仏教界はダライラマだらけですからね、新しくされた所。無理もないですよ、そりゃ。モンゴルも開いたらね、ミャンマーの仏教徒の問題ね、デモをやったら弾圧されているミャンマー問題なんか、仏教徒平和会議は、取り上げないといけないでしょ。それでそれから問題になって混乱するようなテーマばっかりですよ。モンゴルじゃ開けないんですよ。開いたらこの間ラオスにね、中国代表呼んだでしょ、仏教代表。あんな偉そうな顔してね、中国代表。そういう風な中でABCPを開くのに、これはもう何をやっていいか。もう開けない、今の状況で。

（宮城）

それは、よくわかっているんですよ。

（鈴木）

そういう中でね、相手続けて国際交流となったら、個々のもう一度、それしかないんですよ。そこを突破口にしていくしかない。個々に我々が相変わらずベトナム仏教界と、あるいはカンボジア仏教界、モンゴル仏教界と個々にね、交流を積み重ねて、そこからやり直していくしかない。それを無理やりに、平和というテーマのね、アジア仏教徒平和会議を開くというのは、これはちょっと……。逆に今度は中国が何か言いだしてくるんですよ。そういう動きに対して、反中国的だと。中国仏教協会だいたい入ってないと、ABCPに。今までは言わないけど今度は言いますよ。

（宮城）

ですよね。ラオス会議の後で中国仏教協会が加入する可能性が、一時あったんだけども、あの時も中国仏教協会が強硬な批判論戦をやってきて、中国は客分だからってんで会議に全然出ずに、言うだけ言って帰ってしまったという……。そういったあたりをもう少し大きくまとめていくっていう為にも、中国っていうのは、ちょっと、問題だと言ったら問題なんだけども、それをどのようにしながら抱え込んでいくのかっていうのは、今おっしゃったように個々の繋がりが大事だと……。

（鈴木）

私もね、そうだと思いますよ。これらの道は、しばらくは共同のテーブルに着くにはあまりにもね、情勢が激し過ぎますよ。出来るって考える方が無理です。もし出来るとすればお祈りしかないですよ。ＷＣＲＰのね、二の舞みたいなね。ただみんな集まって祈りましょうってね。それならいきましょうってのは、平和会議には何にもならないですよ。

ですからむしろ個々に、ベトナム仏教界との交流やら、現在のカンボジア仏教会はどうなってるだろうと、お互い交流していくと。そういう個々の交流を積み重ねていくべきだと思いますね。それで一番、やっぱりキリスト教においては、ＣＰＣの教訓を省みてね、新たなキリスト教における国際連帯のあり方もね、やっぱり考えてみなきゃならないとこでしょうね。

（司会者）

他の皆さんで、今後のあり方で鈴木先生が提起されましたけれど……。

（矢野）

第三回国連軍縮総会は四年後ではなく六年後に開かれました。資料を紛失したので、詳しいことはわかりませんが、参加者は前回の半分以下ではなかったかと思います。団長は今は亡き日蓮宗の近江幸正さんでした。

今回は二回目ということで多少の余裕はありました。今もよく覚えているのはリバーサイドチャーチで開かれた国際宗教者集会です。私は日本宗教者代表団を代表してスピーチをしましたが、通訳をつけたスピーチはそれが最初で最後でした。特に私が驚いたのはキリストの像が掲げられ、牧師が説教する聖なる場所で異教徒がスピーチをし、日本山妙法寺に至っては全員壇上に上がり団扇太鼓を打ち鳴らしました。天理教では考えられません。キリスト教の懐の深さに感動しました。

それと宗教代表団独自の行事として、国連前のイザヤの壁の前で祈りの断食を行いました。私は拍子木を叩き、新聞さんたち日蓮宗の人は団扇太鼓を打ち鳴らしました。私のたたく拍子木の音が高かったのか、国連から少し控えるよう注意がありました。

二回の国際行動への参加は、その後の私の人生、生き方を大きく変えました。かねてより教理を社会の中でどう生かしていくかを常に考えていた私は、SSDⅡに参加したその年から広島の祈りの断食に参加するようになりました。その頃は宗教NGOの主催で責任者は近江幸正さんでした。場所は今と違って供養塔の前の広場で、昼からはテントの中まで太陽が差し込みうだるような暑さでした。場所が変わったのは、公園外にあった韓国の慰霊碑が供養塔の前に移され、慰霊祭の時間が私たちとかち合ったからです。

天理教祖の「続いてこそ道という、途切れ途切れでは道と言えん」のお言葉通り、それから毎年欠かさず参加しています。

三・一ビキニデー久保山愛吉墓前祭に参加するようになったのは、SSDⅢに参加した年からです。名前は忘れましたが、川端の汚い木賃宿に着き、二階に上がると松井勝重さんと鈴木徹衆さんが一升びんを横に置いて座っておられたのを思い出します。あれから二二年、毎年欠かさず参加し、焼津駅前から弘徳院まで天理教のハッピを着て、拍子木を鳴らして墓参行進をしています。私は今年七三歳になりますが、大阪には西川さんという一〇一歳の仲間もいます。体力の続く限り、志を高く持って社会の片隅で平和の火を灯し続けたいと念じています。

（橋本）

ぎりぎりのことでないんだけども、七二年の「インドシナの平和と戦後のための世界宗教者世界集会」が山手教会でありました。この時、光栄にも僕は運営委員長をさせられたんです。それで、みんな真面目に議論しているのに、その運営委員会で、あの頃ソビエトの仏教大学の教授、会議中もビール飲まないとおれない人なの。

みんな真面目に話してるけども、最終文書はこの運営委員会で書くんだ、ということを言うわけです。みんなと討論のまとめを差し置いて、ソビエトの方針を入れよう と言うわけね。これが大国主義かと思った。だからアメリカの代表が、女性でしたけども、平和のためのウーマン・ストライク・フォア・ピース（ＷＳＦＰ）の方は絶対引かなかったのよ。とにかく僕は、ソ連代表をへこますために、時間を稼いでいました。なかなか決着つかなかったら、ベトナム代表が教授に耳打ちしたら、彼は言わなくなってた。それでアメリカ代表とみんなの意見で、分科会から上がってきたものを、ドラフトでまとめるんだということに、当たり前の民主主義に収まったんだけども、ああ、これだ。だから本当に民主主義が大切だ。大国主義は絶対に許されないと肝を固めたのでした。

（鈴木）

その時代はまだね、抵抗いろいろできたんですけどね、私はね、一番難しいなということを実感したのはね、ソ連崩壊後のね、アジア仏教徒平和会議は今こそ、お互いに主体的に自由にできる条件ができてきたと。それを守るために、ソ連が崩壊しようと、アジア仏教徒会議はやっていこうと、ハノイでね、軍縮委員会、アジア仏教徒軍縮委員会。日本は、委員会を担当してますから、それで責任で、ハノイで開くと。それで日本は大変金もかかるんですけど、その準備に、ハノイでやる時にベトナム仏教徒はね会議を運営するということは、あんまりやらないから、日本が積極的にやんないといけないから、準備段階から行ってたんですよ、そのハノイやホーチミン市なんかにね。

するとある時突然にね、会議がだいぶ近くなってきた時ですよ。ベトナム大使館からね、「鈴木先生、あなたは今度ハノイに入れませんよ。飛行場でね入国拒否になりますよ」ってね。「だから行かない方がいいですよ」って。なんでかわけわかんないから。「私はもう切符買っちゃったから行きますよ」ってね。それでベトナム、在日ベトナム人の通訳と一緒にね、行ったんですよ。もう強引にね、そう言われても行ったんですよ。それでね、行ったらベトナム仏教協会の人が、「先生来ないと思ったから飛行場行かなかったんだ」と。飛行場からベトナム本部行っちゃったんですよ。向こうがビックリしていたんですよ。なんでだろうって。僕わからないでしょ、入国拒否される理由が。そしたらね、解かったのはね、今はベトナムは経済闘争をやってますと。アメリカのね、経済封鎖を解かなきゃいけないと。だから、絶対反米的なことを言われちゃ困るんだと。それでティック・クアン・ドック氏のね、何回忌かになる時にね、それをやろうとしてたんですよ。その法要をみんなで。当然ですよ仏教徒だから。それからね、私が北爆下に行ったこともベトナムは知っていますからね。またあいつが反米的なことをしゃべられては困ると。とにかく反米的なものは一切抑えちゃうと。ですからその当時は、アメリカのB52の墜落機やなんかみんな片付ける。それからティック・クアン・ドック氏の焼身抗議なんか言っちゃ駄目なの。そこまでやるのかよと。だから、そのアジア仏教徒平和会議の軍縮委員会、スポークスマンを作って、スリランカ、ベトナム、日本の各国の中から選んで、運営規則も我々が作ってやったのに、全部会議が終わって、すっぽかされてベトナム仏教会だけが勝手に記者会見やっちゃったんですよ。それは政府でこうやれと、彼らがよく余計な事を喋るんです。あまりにもね、そこまでやるかと。だから国際交流もね、今だって単純じゃない難しいです。独立した後も、国益がかかってるんだから、もうお前らなんか来て余計なこと言う必要はないだろうっていうんで、我々、邪魔者扱いされたんですよ。

（橋本）

鈴木さんに質問なんですけど、中国当局でないから当局のことは言えないわけですが、しかしそれは「文化大革命」の大国主義で、みんな毛沢東語録を持たなきゃ、相手にしてくれませんでしたよね。しかし、最初に、日本共産党との話し合いが折り合いが付いてから、日中友好協会に一応おわび入れたのかな、話をして。いろんな団体に行きだしたでしょ。あれだけ大事なことをやってきた宗教者の交流が未だに出来ない……。

（鈴木）

いや、やってますよ。

（橋本）

個別的に？

（鈴木）

いや個別じゃなくて。我々じゃなくて。

（橋本）

あちら（追随の）側ですね……。

（鈴木）

毛沢東語録を持ってやってた人は今度はそれを引っ込めてやってますよ。

（橋本）

引っ込めてですね。そちらだけですね。そちらだけでしょ。

（鈴木）

日中友好って趙樸初《しょうぼくしょ》を呼んだり、そして日中仏教交流を中濃さんなんかと苦労してたその時代まで計算に入れて、何年目になったって盛大にやったんですね。やってますよ、こっち側にはすっとぼけてますけど。平気で衣替えしちゃってさ、もう語録はどこかへ捨てちゃってさ、一生懸命趙樸初さんなんか呼んで、復興して良かった良かったって。

そういうのもありますけども、向こう側も文革の時にこうやったりして、毛沢東を掲げた連中と、しゃあしゃあと付き合ってますけど、日本の仏教徒は融通無碍だからってな思いがあったから。でも中濃さんや私たちには会おうとしなかった。でも最後にね、最後って言うか中濃さんが亡くなる少し前だったけど、趙樸初が来た時に、中濃さんとこに、趙樸初から連絡があって、中濃さんが会いましたけどね。それはやはり向こう側も依然として複雑な要素を持っている、引きずっていると。ですから僕らがベトナム、ハノイの飛行場で入国阻止に遭うっていう情勢は、いかなることなのかと。こっちが驚いていますよ。そこまで複雑になってくるんですよ。ましてや今の中国のあのオリンピックを巡ってのじゃないけど、いろんな状況が出てきていると。岩波からはね、『墓標なき草原』って言って内モンゴルの文革の時に大虐殺が行われたのをモンゴル人が書いたのを岩波から出るっていうので、よほど単なる反中国宣伝じゃなくて、相当責任のある本でしょう。もう出てます。上下出てます。そういうような状況もあり、それにピリピリ中国政府もしている時だから、というようなことがあちこちで出てきている。だからそこらを踏まえながら、これからの展望としては、個々の交流を進めていこうという方向でですね、個々に進める。日本が中心になってもいいですから、ベトナム仏教界、中国仏教界、朝鮮仏教界、個々にこう交流をしていくという道が開いていったほうがいいしさ、積み重ねていけば必ずまとまる時があると思います。

（宮城）

京都宗平協は、交流といいますか、必ずそれを載せてますね。毎年の交流企画の中に。ベトナム、カンボジアとの友好交流という総会方針の中でね。それを具体的に何をするかっていうのは決まってなくても、それをやはり残しておかなければ、当初取り組んできた意味がなくなる……。

(鈴木)

文革の時にね、我々にも菅原先生もそう言ってたんですよ。中国仏教界との三〇〇〇年の歴史をここで断ち切るのか。どんなことがあっても繋ぎとめろと。今おっしゃったようなことと、ちょっと似ているんですよ。「そんなことはない」と。「一時途絶えようと何しようと、三〇〇〇年の歴史がね、途絶えることはないと僕らは信じています」と言って、私は曇鸞大師の浄土論を菅原先生に教わったんだけどもね。だから「君もか」ってね。俺について来ないのかって怒られたけれども、「いくら何でも先生ね、浄土論を主体にお教え頂くならいいけど、毛沢東語録は私はいりません」って言っちゃったけど。その点がね、向こう側の個々にでも、やっぱり個々の交流でも筋を通すところは通して交流を深めていく必要があると思います。

(橋本)

関連して。一九六五年に「日中青年友好大交流」というのがあって、日本宗青協から九名の代表が行きました。今日も話した、高島三州子さんも含めて、小室裕充さんが団長の時にね、素晴らしい交流をして、深圳、あの頃はまだ深圳まわりでしたから、抱き合って泣いて別れてきた感動的な「熱烈歓迎」だったんだけれども。来年は、中国代表を呼ぶところまで約束して帰って来たのに。

次の年の時はいわゆる「文化大革命」で、日本宗青協もどこかの子分たちだから、相手にしないということで、日中友好会も我々もみんな相手にされなかったんですね。私はその旅の終わりに上海で日中友好協会の幹部に誘われて、日中友好協会に入って、戻ってきて、しばらくしてから、日中友好協会の札幌支部の理事長までやってたのです。そしたらとたんに相手がいなくなっちゃって大変。

それで次の年に招いたときには、もう僕らは相手にされないでね、向こう側とだけやったという。それで、毛沢東がくたばるまでがんばる、ってそれまで理事長を努めて、毛沢東がくたばったので辞めさせて貰ったんです。あの大国主義というのは身をもって経験しましたね。

（鈴木）

その翌年ね、小室さんなんかが行った翌年にね、もっと大きい代表団を中国側は呼ぶと。で実行しようとして呼びかけがあったのを、日本側がストップしたんですよ。日本側が行くなと。それで山手教会、徹夜で議論したんですよ。


（橋本）

それで、『キリスト新聞』に、平山先生と青年が載りましたね。あれ、一面にでっかく載っていた。ところが急にお辞めになった。ですから、それはそれとして、それで後日談だけども、六〇〇名、日本の民主・平和・青年・組合・団体の者が行ったわけでしょ。民青とか全学連の中心的な団長が、行ってから一ヵ月滞在したのですから。一ヵ月国費で招かれていったんです。それは下心があったんですね。その中心的な委員長たちを呼んで、毎晩一週間、文革を同時多発させたかったらしい。ところが日本の代表は毅然と断った。しかし春日君たちのグループは、そっちに屈服したんですね。それで次の年は、彼らと春日君のグループと一緒になってやった。だから本当に国家が絡むと思想も信教も自由もなくなる……。


（宮城）

その点、日本は自由だし、しっかりとした素地があるんだわ。


（司会者）

まだ議論したいと思うんですけど、二〇一二年に五〇周年を迎える、その時にですね国際会議を持てればっていう考えです。これから新しい二一世紀、宗教者の交流という事を追求していきたいという風に思います。その点についてはまた宗平協の中で議論していきたいと思います。ここで五分間休憩してですね、人権問題についての論議、そして、若干時間を延長させていただきますが、その後展望へと進んでいきたいと考えます。

THE KYOTO RELIGIONISTS'COUNCIL FOR PEACE

日本宗教者

六　人権と救援——宗教者の役割

（司会者）

次に、「人権」という視点からの幅広い発題でありますが、「人権」といいますのは、本来私たち人間に備えられている固有の権利、ひとりひとりが固有のいのちを持っているという、このひとりのいのち・人格・人間の尊厳……これを大切にするという考えは各宗教とも共通のものであろうと思います。かけがえのないいのちを与えられているという、それぞれがそれぞれの中で賜ったものです。それを軽視したり、公権力でもって押さえたりすることは許されないことです。葛飾ビラ配布弾圧事件は私たち自身の問題でもあります。

また、冤罪事件などは、最近やっと光が当てられてきていますが、何の罪もない人々が不当に裁かれていくという現実に対するたたかいにも目を向けていく必要があります。こういった人格・人権に関わる問題に具体的に関わっておられる出口さんからのご提言をお聞きしたいと思います。

（出口）

『宗教と平和』の一九七〇年の何号になりますか、当時シリーズで「私の信仰と平和運動」という記事があるんですが、そこに投稿して欲しいと言われました。当時、関場さんが事務局を担当されていて、実名で出るのはなんだからって言うんで、「上田敏子《びん》」「上田としこ」という名前で私の記事を掲載してくださいました。その記事を大探ししたんですが、なかなか出てこなくて、私の記憶の中でも、もう四〇年近くも前の話ですが、やはりあの時代に私が自分の信仰を守る、というか、そういう中で経験したことを紹介しながら宗平協との関わりについて話したいと思います。特に人権問題についての関わりという事と、一人のキリスト教信徒の経験ということで聞いていただけたら幸いです。

私は今、日本キリスト教団の京都丸太町教会に属していますが、当時付属の幼稚園に就職して働いておりました。一九七〇年六月だったと思いますが、日曜日の礼拝の時

出口玲子常任理事

に、学生が講壇に駆け上がって牧師の説教の原稿を破り、そして副牧師のガウンを引き裂いて、「今日は僕が説教する」という事件が起りました。「安保問題、それから万博キリスト教館の問題、こういうことが大変な中で、こんな礼拝をしていられない」「今日は僕が説教をやる」と言うようなことで、礼拝を潰されたんです。私はその日ちょうど初めてオルガンを弾く日だったんです。とても緊張してオルガンの所に座っていたんですが、もう礼拝は潰れてその後は出来なくなりました。

その次の週から青年、私も青年だったんですよ当時は。青年会を一緒にやってたんですけれども、教会改革委員会を作ろうとか、いろんな動きのある中で、私は本当についていけないでいました。「教会を本当に変えたかったら、早く来て教会のスリッパを並べる事からやるんじゃない?」という風な事を言うと、「ナンセンス」って言われました。そんな中で、礼拝が二つに分裂、幼稚園の園舎と本来の礼拝堂と二つに分かれてしまったんです。当時は立命館大学とか京都大学とか同志社の神学部とかで、過激な運動が盛んでした。それで、私たちは幼稚園の子どもたちを家に送るのに、京大の寮の所で石が飛ぶと危ないからっていうので、わざわざ遠回りしていました。保育中にも教会の青年たちが竹竿を持って集会に行く為に教会に集まってきたり、窓際にアジビラをいっぱい貼って、保育環境を悪くされることもありました。そんな中で、子どもたちをどう守るか、機動隊が入ってきたらどうするかというので、子どもたちに知らせないで避難訓練をする様なこともしました。そんな事態の中で、私は自分の信仰というのが今までどういうことだったのか、礼拝を守るってどういうことなのかについて自分自身が問われ、また、子どもたちをどう守るかという事で日夜本当に悩んだ時代でした。その様な時、私が一枚のビラを拾ったんです。そこには、「そういう大学の中で紛争してる人たちは踊らされている」「大学側の人たちはそれを利用して、彼らをわざと取り締まらないでやらせてるんだ」という様な事が書かれていたビラでした。それこそ荒川さんのビラ問題ではないですが、私はそれを読んで、「えっ、そういうこともあるのか」と信じられませんでした。でもよく読んでみるうちに、教会でも勝共連合の人たちが青年たちを食事に接待したり、そういう所での繋がりがあるということが見えしてきました。当時、今愛知にいらっしゃる、青野牧師が丸太町教会の副牧師でした。「民青牧師」と教会の塀にスプレーで書かれたり、攻撃が何故青野先生に行くのかが私には解りませんでした。平和運動をしているということや山手教会にいたということだけで、攻撃されるというのが私にはなかなか理解できなかったんです。

そこで、私が悩んでいる時に、青野敦子さんに東京で矯風会の青年部の研修会があるから一度行こうじゃないかと誘われ、京都を離れて見てくるのもいいのではないかという事で、その夏に初めて山手教会に行きました。そこで知ったのが、佐古純一郎牧師の講演で聞いた一家六人殺しの犯人とさせられた岡部保さんという仁保事件の話でした。先生はラジオでキリスト教の話をされていて、それを聞いていた岡部さんが「助けて下さい」という手紙を先生に出され、先生はその叫び声を聞いて、この人は本当にやってないという確信から、救援運動をされてきたという話をされました。その直後、原水禁大会に青野夫妻が行かれ、そこでたまたま貰ったビラが仁保事件のものでした。青野敦子さんと二人で、何か私たちもやり始めようじゃないか、こういう紛争の中で、ひとつひとつ何かを取り組めばよく見えてくるんじゃないかということで、その岡部さんの救援運動に関わったのがきっかけでした。

最初、私は裁判が間違っているなんて、そんな事は信じられないとか、そういう中で本当に拷問があったりするのか、という素朴な疑問を持ちました。でも、それからずっと救援会と関わるようになって、毎週学習会をやったり、裁判記録を一行一行読み、難しい裁判の言葉を六法全書で引いたりとかしながら学習している中で、私は本当にこの人はやってないなということが確信できたんです。その後、京都で守る会を作り、同志社大学の憲法の田畑忍先生とかの力を借りて、私は守る会運動に参加するようになりました。

一番最初、青野敦子さんと行ったのは京都市内の教会です。各教会に行って仁保事件のことを訴え、ひとりずつの署名を頂くのに、二人で何日かかったでしょうか、初めて二〇〇人ぐらいの署名を集めました。それから当時一〇・二二だとかいろんな集会があるので、そういうところにも、守る会で訴えに行きました。事件のことをまず知ってもらうことから話をし始めて、ひとりひとりに説得して、一行一行の署名をもらうのがどんなに大変かということを私はそういう中で教えられました。それから労働組合とか民主団体とかも紹介されて、自転車で回ったりもしました。そういう所に行ったらどこもすぐにしてくださると思っていたのですが、いっぱいいろんな署名がくるので、行ってもまだ出来てないというのがほとんどでした。じゃあ次いつ来たらいいですかということで、また行ったりするうちに顔を覚えられて、「あっ、仁保さんが来た」と言われ、私は「仁保さん」ということになったんです。そんなので「まだ出来てないが、今度必ずしておきます」と言って、署名をしてくださったりしました。私は、教会の中での人との関係しか知らなかった本当に井の中の蛙でしたが、そういうところでいろんな人と出会い、そして、そういう人たちに本当に育てて貰ったと思います。

岡部さんは別件で逮捕され、拷問によって自白させられたということで、最終的には無罪になりました。最近では、足利事件や布川事件とかも門戸が開かれて来ていますが、全国の守る会の人たちと裁判所に署名用紙を持って行った時に、領収書を下さるということも知り、やはり世論が裁判所を動かすということを、私はこの救援運動のなかで教えられました。

いろんな所に訴えに行きましたが、ある日、青野先生の紹介で京都宗教者平和協議会という所に行きました。立本寺というお寺でした。そこで、細井友晋先生が強引に「あんたキリスト者だったら宗平協に入りなさいよ」と言われました。それが宗平協を知ったきっかけです。『宗教と平和』は家でとりにくかったので、青野先生がいつも幼稚園の職員室の引き出しに、封筒に入れてこっそり入れてくださり、それを読ませてもらったのが宗平協との関わりの始まりです。原水禁大会に行かせて貰ったり、母親大会に行かせて貰ったりして、全国でもそういう運動があるという事を知り、人権問題から平和運動へと関わる様になりました。仁保事件が再審を勝ち取り、無罪になるまで、私は本当に大きな経験をさせて頂きました。

宗平協との出会いの中では、一九七二年の「インドシナの平和と正義のための宗教者世界集会」の取り組みが、私にとってはとても大きな出来事でした。特にベトナムの代表団の人たちが東京の集会が終わってから京都にみえ、京都で宗教者の歓迎集会をした時のことです。当時京都には、まだ学生や宗教青年がたくさんいましたので、私たちは、みんなでその準備をしたり、集会の成功のために力を合わせる経験をしました。その中で、ベトナムの宗教者たちが民族の解放のために戦っている事と私たちが今やっている事とが本当に共通しているんだという、そういう確信を私はベトナムの宗教者から頂きました。そういう意味では、救援運動やベトナムの宗教者との出会いによって、私は今まで平和運動を続ける事ができたと思います。

五年前に荒川庸生さんの葛飾ビラ配布弾圧事件が起こり、これは大変なことだ、日本の宗教者の平和運動にかけられた弾圧でもあると思いました。もしかしたらあの被告席に私が座っていたかもしれないという思いもあって、傍聴に行ったりさせて頂きました。沖田光男さんの痴漢冤罪事件裁判もあり、今、日本の裁判は、上に行くほどだんだん悪くなっています。私は、荒川さんの判決で高裁も最高裁にも行って、本当に怒りで一杯でした。でも、この裁判を通して、荒川さんがどんなに多くの方

2006年9月10日（毎月1回10日発行）1966年4月12日第3種郵便物認可　宗教と平和　第456号

宗教と平和
THE RELIGIONS AND PEACE
2006年9月

発　行
日本宗教者平和協議会
東京都文京区湯島3-37-13
〒113-0034　TS第7ビル502号
TEL/FAX　03-3832-0842
http://blog.livedoor.jp/shuheikyo/
発行人　鈴木徹衆　購読料1部250円 送料60円

8月28日　無罪判決を勝ち取った荒川氏（東京地裁前）（「ビラ配布の自由を守る会」HPより）

たちに、宗教者としての働きを示されたかということが大きいと思います。京都でも最初はなかなか知られなかったけれども、「葛飾の」って言っただけで、みなさんが署名してくださる様になりました。私は、やはり運動の広がりが必ず変えていくと思うので、これからは国際世論も含め、国連の人権規約委員会にも訴えて欲しく、荒川さんを最後まで支援していきたいと思っています。

一方で、私がこの四〇年近く京都のキリスト教会で色々経験した中で、やはりまだ関西のキリスト教会の中では当時の運動の名残が存在しています。今も京都でそういう運動がありながら、去年、二年になりますが、滋賀と京都でキリスト者平和の会が出来て、ぼちぼちですが一緒に学びながらキリスト教会にも平和の運動を広げていこうということで取り組んでいます。

京都では、ああいう運動の起こる前の一九六九年には、「京都キリスト者平和の会」というのがありました。そして、キリスト者だけの靖国法案反対の散歩デモもあったんです。私はその紛争の起こる前にキリスト者平和の会に参加させてもらった事もあって、散歩デモにも参加しました。その時は本当に子どもたちもお年寄もみんな手を繋いで、二〇〇人くらいの集会がやれたんです。だけどもああいう紛争が起こって、靖国のやの字も言えなくなり、そういう運動をしたら教会の礼拝が潰されるという様な働きになってしまいました。教会がどんどんと門戸を閉じていくという働きになってしまったのです。

しかしその後、一九九九年に発足した「守ろう憲法と平和きょうとネット」では、いろんな考え方の人たちとも一緒にやってます。やはり憲法九条を守るという問題では、一致する所で、一緒にやっていく必要があります。その中で、非暴力であること、他の団体を誹謗中傷しないこと、会議で決めたことを守る、という三原則を作って、一致出来るところで取り組んでいます。

それから「憲法九条京都の会」でもいろんな考え方の方たちがありますが、三つの原則を守りながら一致できる所で一緒にやっていこうということで取り組み、いろんな宗教者が参加しています。

部落問題については、大原さんの方が詳しいと思いますし、戒名の問題だとか永万寺事件だとかにも触れるようだったら鈴木先生が関わってらっしゃるから、話してもらってくださいということでした。

やはり人権問題っていうのは、私は民主主義の原則だと思うんです。憲法で保障されている、人権が侵されてくるというのは、戦争前夜に起こってくるという意味では重大な問題だと思います。今、言論・表現の自由を守るということはとても大事で、やはり命を尊ぶ宗教者として、人を人としてお互いに尊重しあえることが必要だと思います。環境問題もあり、この国は本当に年間の自殺者が多い、命が粗末にされている、こういう現状についても、私たちは目を向けていかなくてはならないのではないかと思います。

(司会者)

まだ議論しますけども、会場がですね最大限、一〇分で全部荷物出して出るってことになってます。六時までになってますが一〇分までは何とか。それで人権問題を五、六分やってですね、もう少しやってもいいんですけど、最後の展望についてあるいは抱負について一言ずつ述べて頂いて、後で文書で展望に関わる事あるいは抱負等を時間がなかったら出して頂きたいと思うんで、人権の問題が終わったら、ちょっと一言ずつ抱負について話していただくという形にもっていきたいと思うんです。

それで人権のところでもう少しお願いします。

（日隈）

今、部落の問題にちょっと触れられたんで、宗平協と関わったところで申し上げたいと思います。ご承知のよう な一九七九年の町田発言以来、日本の宗教界には〝部落問題フィーバー〟が吹き荒れました。それに対して、日蓮宗を除いた日本のほとんど全教団が「解同」にいわば屈服した形で同宗連なんてものを作って運動をやってきました。その中で日本宗平協が、一九八三年に「第一回現代の危機にこたえる日本仏教徒平和会議」で、「真の人間解放のために」というアピールを出しました。翌年、第二回の「現代の危機にこたえる日本仏教徒平和会議」で、仏教界における同和問題の現状と課題という決議をいたしました。これはやはり日本のそういう状況、日本の宗教界の状況の中で、珠玉のようなアピールであり決議であったと思っています。ここで示された方向というのはやがて、その後どんどん実証されていったと思います。「解同」のああいった暴力的な糾弾とそれに屈服していった現状は、やがてだんだん変わっていきまして、今日では「解同」自身がもう保守党を支持する団体になっていまして、そしてひところのような糾弾の記事も、もう「解同」の雑誌や新聞にも現れてこなくなっています。しかし問題は、訴えたような日本の宗教が持っていた遅れた部分ですね、差別を温存してしまうようなそういう体質、そういうものは依然として残っているわけで。そういう意味では日本宗平協のこれからの仕事が、私はあるんだと思います。

（鈴木）

一言だけ。本当に情けなく思うのは、未だに同和問題に取り組む、教団連帯会議の同宗連というのも六〇団体神社本庁まで入れて、なるべく入る、そこに入るのが糾弾よけのお札みたいなものになっちゃって、その非常に古い体質、今言われた古い体質をそのまんま流している。糾弾に屈服するとか一つの権力とか暴力の前に実に弱い態度なんですよ。もう情けない。いまだに真宗では東京同宗連作る時に反対したんですがね、私、その時教区会議員でしたからね、教区で教務所長が、東京の解放同盟から申し入れがあって、都連から申し入れがあって、東京で地方組織としての同宗連を作って欲しいと言うから、それは駄目だと。それで結局反対決議をしたんですが、まだ付き合ってて、東京同宗連の会誌を今度は各寺院に

新間智照代表委員

持たせるとか、依然としてなんでこんな付き合っているのかと言っても、「大谷派は解放同盟によって眼を開かされたんだから、あくまでも解放同盟と付き合う」という指令らしい。それは他の団体もそうなんですね。それで何かの前には、解放同盟の記念の集会の度に、全日本仏教会で五〇万ぐらい包んでいくんですよ。全日本仏教会の役員に聞いてみたら「五万や、鈴木さん一〇万じゃないんですよ」て陰で申しててね、そういう姿勢が一つの権力の前に屈服していく。状況が変わればね、また鉄砲を担げだなんだのって、どうなるかわからないような弱さを、まだ依然として宗教教団の体質としてあると。ですから我々にとってはこれからの課題としても、依然としてね、教団民主化、教団革新の運動もやっていかなきゃいけないですね。これは終戦直後のしばらくの間のじゃなくて、いまこそ教団の、大谷派からして未だにそうなんですよ。大谷派って今の所一番進んでいるんですよね。憲法改正反対の決議案をやるし、教育基本法とかかっこいい事どんどんやるんですけどね、そこだけまだくっついてる。それはまだどこかに弱さがある。そのた

めにどれだけ同朋会運動の推進が挫折したか知れないんですよ。それはまた話していると長くなりますから。

（新間）

仏教会の中で各宗派、同和委員会を作ってあわてて対応しだした時に、日蓮宗では同和問題だけが人権問題ではないという観点から人権委員会を作ろうと、中濃さんと私が代々中心となったんですけども、人権委員会、人権推進委員会というのを作りました。それがもうずっと続いてきているんですけど、今度日蓮宗、全部体制が変わる時で、新しく誰が委員になるか分かりませんけど、今までは中濃さんが委員長をやってて、中濃さんの後、私が委員長でずっと続けてきまして、わりに広く人権問題を取り上げて、また日蓮宗新聞にも一席、人権コーナーに委員が交代で書きまして、わりに順調にずっとやってきております。ですから部落問題については、部落差別だけが問題なんではないということ、部落差別を含めた全ての差別問題を私たちは考えんといかんということで、それより広く取り上げてきているわけですね。一応今、月に一回くらい集まっていました。今ちょっと中止になっているわけですけれども（内局が変わりましたんで）。結局、宗内で人権意識がまだ十分いきわたってないということで、宗内の、日蓮宗の中の啓発、お坊さん

2009年2月10日（毎月1回10日発行）1966年4月12日第3種郵便物認可　宗教と平和　第485号

宗教と平和
THE RELIGIONS AND PEACE
http://www1.ocn.ne.jp/~n-syuhei/
2009年2月

発行
日本宗教者平和協議会
東京都文京区湯島3-37-13
〒113-0034　TS第7ビル502号
TEL/FAX　03-3832-0842
発行人　鈴木徹衆　購読料1部250円　送料60円
メールアドレス：shuheikyo@river.ocn.ne.jp

マレーシア原爆展代表団とマハティール・マレーシア前首相（前列左から3人目）と懇談後の記念撮影

たちの啓発活動というのを基にして、そういうことを目的にして日蓮宗新聞の中に一文章、張ってもいいほどの文章を書いているんですけどね。で今のところ私が一番古くからやってるということで中濃さんの後は私が委員長になってやっておりますけれど、もうそろそろ委員長は引退したいなと思っているんですけど、まだこれから次の委員がどんな委員になるか分からないということで……。それから私も時々文章の中に入れるんですが。

ノーベル平和賞を受章した方と偶然に知り合いになりまして、そしてその辺からちょっと挨拶をすると、そういうことをやっておりまして、本当中濃さんもおっしゃっていたんですけども、そういうことで非常に広く、日本国内だけの人権運動じゃなくて、やはり国際的なアジアのアムネスティインターナショナルに入ってますんで、今あんまり活動しておりませんけども、そういう縁もありまして、そのような方とも話ができるんですけれども、これから先も、日蓮宗これから先どういう委員会が編成されるか今のところわかりません。三月ごろになると思うんですけれども、もし私が「もう一回やってくれよ」と言われたらまあ年寄りだけれども、もう一回やってもいいよと思ってますし、「もっと若い世代に持っていく」と言えば私は外れてもいいと思ってる。そういうのが今、日蓮宗の中での状態です。以上です。

（司会者）

時間が来ましたんで、先ほど言いましたけども、これからの展望を与えるような宗平協の運動について、そのことを今日ご参加の皆さんに、この後時間がないんで、文書で書いていただいて、事務局の方に送って下さい。あまり長文にならないように一〇〇〇字以内ぐらいでお願いします。事務局長まで寄せてくだされば、本日の分に加えてまとめたいと思います。

時間超過して申しわけなかったですけど、いい話し合いが出来たと思います。ありがとうございました。

（拍手）

補遺（橋本）

校正をする中で、『宗教と平和』に登場された大切な方々とその運動に気づきましたので、不十分ですが、お名前と項目だけを補遺させて頂きます。

①　信教の自由問題では、神職の福本正一さんが、滋賀県の「神穀祭違憲訴訟」で奮闘され、歴史を変える大切な働きを残されました。同じく神職で、日教組の本部役員もなさった遠藤道丸さんは、鳥取県原水協を率いて核兵器廃絶運動を推進されました。磊落な御性格で、共に居る者を和ませ、独特の祝詞は、一世を風靡しました。

②　牧師で代表委員の大川義篤さんは、原水協の役員も務められ、地域では米国艦船の寄港に対して、自治体の主体性を守る「神戸方式」の実現と維持に奮闘されました。また、牧師の梶原清子さんも兵庫に住まわれ、魚住せつ牧師と協力して多方面の活動をされました。

③　北海道キリスト者平和の会とその運動の種を蒔き、故郷の高知の高校教師を勤めながら、「平和資料館〝草の家〟」を創設された西森茂夫さんは、高知宗平協活動の再開を目指しながら早逝されました。

④　十和田市の天理教教徒の山下一二さんは、孤軍奮闘されながら、中央大集会にはほとんど青森宗平協の幟を掲げて参加されました。過疎地の活動のお手本でありました。

⑤　思想・信教の自由の問題で、竹中彰現師の名誉回復の運動を推進し実現された、広瀬顕雄さんを中心とする岐阜県宗平協の活動は顕著であります。五〇年史の中にしっかり位置づけたいと思います。

※自分の発題に気を取られ、全局に配慮できなかったことを反省しています。以上

七　日本宗平協の今後の展望

先師の遺志を確と受け継ごう

鈴木徹衆

明けて一月には、日本宗平協の産みの親ともいうべき日本山妙法寺山主　藤井日達上人の二十七回忌法要を迎える。

思えば、朝鮮戦争〈一九五〇（昭和二五）～一九五一（昭和二六）七月〉以後、日米安保に基づく米軍駐留の条件を想定する『日米行政協定』が調印され、その翌年から、基地拡張・実弾射撃場の増設などの動向が激しくなり、石川県内灘村が米軍射撃場として無期限使用が決定されるや、地元漁師のおかみさんたちが反対運動に立ち上がり、その人々と共に、黄色い衣と団扇太鼓の日本山の僧侶たちが着弾地に座り込んだ。

「不殺生」「非暴力」の仏教原理のもとに、平和な国土建設の実践を説く藤井山主の指導のもと、黄衣と太鼓は全国各地にひるがえり、天鼓を響かせていった。

2007年6月10日（毎月1回10日発行）1966年4月12日第3種郵便物認可　宗教と平和　第465号

宗教と平和

THE RELIGIONS AND PEACE

2007年6月

発行
日本宗教者平和協議会
東京都文京区湯島3-37-13
〒113-0034　TS第7ビル502号
TEL/FAX　03-3832-0842
発行人　鈴木徹衆　購読料1部250円　送料60円
メールアドレス：shuheikyo@river.ocn.ne.jp

日本宗平協結成45周年記念懇親会で講演する鈴木徹衆理事長（当時）

内外の情勢は、東西対立・核軍拡競争の激化のもと、「世界宗教者平和会議」の開催を決意した宗教者は、ついに、一九六一年（昭和三六年）三月、東京駅付近の宴会場ポールスターに結集し、実行委員会を立ち上げた。

藤井山主が呼びかけ人代表として挨拶され、東京事務局は永井行慈上人、京都事務局責任者として細井友晋上人が選任された。

それから五〇年の歳月の中に構築されてきた理念や協働・連帯の筋道は、「京都宣言」一九六一年（昭和三六年）、「東京宣言」一九六四年（昭和三九年）、を始め、「インドシナの平和と正義のための宗教者世界会議」一九七二年（昭和四七年）、「軍備撤廃・核兵器廃絶をめざす世界宗教者集会」一九八一年（昭和五六年）の中に今尚生き生きと輝いている。

また、それらをしっかりとまとめて後世に伝える大川義篤牧師の著作や中濃教篤師らの貴重な文献がある。それらに学びながら、縦は所属宗派のなかに、横は地域宗教界へと息長くはたらきかけていくならば、そのすぐれた運動は必ず歴史的な大きな貢献をし続けていくことを確信している。

事務局を始め、現執行部のご苦労に深く感謝すると共に、輝かしい未来が開かれている。

「すべての者は、一つである発信地より発せられる光の中にある。」との想いにある。という関屋綾子師の言葉をもって展望にかえさせていただく。

地平線の先に平和を見すえて

出口玲子

『宗教と平和』五〇〇号記念の集会に向けて、京都宗平協でも、バックナンバーを探す作業を行いました。京都では、当時の事務所であった立本寺を移転する時に、置かれていた資料（ほとんどは、故細井友晋先生がこまめにファイルされていたもの）を仏教大学の高橋伸一先生の部屋に運び、保存して貰っていました。その量は、ダンボール箱一〇箱という膨大なもので、その中から日本宗平協でみつからなかったナンバーを探すのは大変な作業でしたが、最初の日は、東京から橋本理事長も来てくださり、その後も数名で何回か仏大に通いました。資料の中には、宗平協の活動を垣間見るものもあり、どうしてもついそちらの方に目がいったり、懐かしい写真などをみつけて、話題がそちらにいくなどの道草がありました。しかし、最近宗平協に参加した人にとっては、どれもこれも宗平協の歴史を知る上で貴重なものばかりで、よくぞ残されていたものだと、私はいまさらながら細井先生の几帳面さに頭が下がる思いがしました。

結局、必要な全てのナンバーはみつかりませんでしたが、『宗教と平和』の発刊以前に『宗平協通信』が出されていたことが解り、また、ナンバーがついていなくてみつけるのに手間がかかりましたが、中味を読んで「これが第一号らしい」ということが解った時は、感激でした。

このような経験の中で、改めて平和運動の歴史をもう一度学ぶことが次の展望に繋がることを実感しました。日本宗平協が出版している『現代に生きる宗教者の証言』『民主主義と平和』『宗教と平和』なども、今では貴重な資料になりました。読み返してみると、もうほとんどの方が故人になっていらっしゃいますが、この証言が次に生きる宗教者に運動の展望を与えてくれます。「京都宣言」でいわれた「内なる心の平和と外なる世界の平和」は、今も私たちの課題です。三・一墓前祭で、宗平協が原水禁運動の団結と統一のために果たしてきた歴史を学ぶと、その時に経験していなくても、その意義の重さから引き継いでいかなくてはと思わされます。核兵器廃絶の運動の中でも、私は今回のニューヨークでのNPT再検討会議国際行動に参加して、この五〇年の宗平協の果たしてきた運動が歴史を作ってきているとの実感が与えられました。それは「地平線の先に、核兵器のない世界が見えています」という潘基文国連総長の言葉にもあるように、遅々たる歩みであっても確実に歴史は動いているという確信が、次の展望となりました。

また、今、日本全国で憲法九条を守ろうという運動が広がり、地域の九条の会で多くの宗教者がその運動に加わっています。いろんな考え方の方たちとも「九条を守る」という一点で共働しながら、その中で宗平協に関わってくださる方を見出すことでも展望が広がります。

しかし、今後の課題としては、次の時代を担う若い人たちに、この運動をどう伝え、引き継いで行って貰えるかということだと思います。

世界に誇る四つ目の団体に

日隈威徳

日本宗平協の創立以来、一〇八歳で亡くなるまで会長職を勤められた清水寺貫主の大西良慶師が、宗平協編『現代に生きる宗教者の証言』（新日本出版社　一九六八年）の「序にかえて」でこう述べておられます。

「宗教者には『祈り』という独自の方法があります。一般の平和運動家とは心構えも違っています。しかし、……安易な『祈り』だけで、平和というような有史以来の人間が求めてきたものが簡単に実現できるわけはありません。……宗教者は、宗教者独自の運動を行うと同時に、人間共通の運動に参加する必要が出てくる……平和という事業は、実に世界全体の大きな事業であるから、他の団体・他の階層の人々との提携協力がぜひとも必要であります」

私は、日本宗平協の運動は、大西さんの、この発足にあたっての激励と願いによく応えてきたと思います。それには、すでに亡くなりましたが、多くの先師たちと、今もがんばっておられる方々のたゆまぬ奮闘がありました。私は、それらの先師たちのお一人お一人活動の姿が浮かんでくるのです。

長いこと業者運動を指導してこられた吉谷泉さんが、「宗平協の成し遂げた、宗教者の宗派・信仰の相違を超えた団結と共同は、世界史的な意義を持つことではないだろうか」と評価され、「私はこれまで、ヨーロッパにはない、日本だけにある自主的民主的大衆団体として、全国商工団体連合会（全商連）・全日本民主医療機関連合会（民医連）・自由法曹団の三団体をあげてきました。今ではこれに宗平協を加え四団体にしなくてはならない」（『宗教と平和』二〇〇七年一二月号）と述べておられているのは、宗平協運動を見つめ、ささやかながら連帯・協力してきた私にとっては嬉しい証言でした。

そうして、宗平協の将来についていつも思い出すのが、日本山妙法寺の藤井日達山主の次の言葉です。「（宗平協の）平和運動は、宗派を超え、宗門の教団と関係なく行動しておる。もし将来、日本の仏教教団・宗教教団が動くとなれば、これらの人々が指導するであろう」（『天鼓』一九八四年一二月号）と。

東アジアの緊迫、核兵器廃絶の人類の誓願、日米安保条約を廃棄し、非同盟・中立の日本をめざすたたかい……日本宗平協の担う課題は依然として重くかつ緊急です。そのために、若い宗教者を宗平協運動にどう結集するか、大いに智恵を働かせ汗をかくべきときです。私も年はとりましたが、微力をささげたいと思います。

宗平協運動と共に成長

矢野太一

かつて天理教には、東京教区に「核廃絶を願う天理教人の会」「靖国問題委員会」があり、大阪教区は六〇年安保の年に一〇〇〇人近い青年会員が天理教のハッピを着て、谷町六丁目の明城大教会から難波の大阪球場まで「安保反対」の平和行進をしました。また教内の有志が相集い「天理教社会問題協議会」を結成し、ＳＳＤⅠ、ＳＳＤⅡ、ＳＳＤⅢに多くの代表を送るなど、教内外で活発な活動を展開していましたが、その後、天理教本部による弾圧、指導者の死亡、交代などで組織はなくなり、運動の火は消えました。そんな中、私一人が「愚者の一念」で運動を続けてきました。

二〇〇四年六月、憲法九条を守るため大江健三郎、井上ひさしなど九名の呼びかけ人により九条の会が結成されました。彼らの呼びかけに応えて地域、職場、業界など全国各地で九条の会が誕生しています。私どもも教内の有志一〇人ほどで二〇〇六年九月、天理教平和の会を立ち上げました。それから今日まで隔月に天理教本部前で帰参の信者さんたちに九条守れのビラを配り、毎月例会を開いて参りました。配ったビラは九種類九万五〇〇〇枚になります。発足当時、一〇名ほどの会員も今ではビラを見て「天理教にこんな会が出来て嬉しい、ぜひ、入会したい」「私も地域で九条の会で頑張っています」など入会希望が相次ぎ、一〇〇名近くになっています。しかし、ほとんどが一般の信者さんで、教会長はごくわずかです。

毎年、廣島で開催している「祈りの断食」に神戸の新間智照さんや石川の河崎俊栄さんはお寺の檀信徒を大勢連れて参加しておられます。

私はこれからの宗教者の平和運動は檀信徒と一体になって進めることが重要だと思います。天台宗の宗祖最澄は「一隅を照らす、これ即ち国の宝なり」と言っています。一人ひとりが「一隅を照らす」ことにより、千人寄れば千隅を照らし、万人寄れば万隅を照らすことができます。そこに宗教者平和運動の新たなる活路と展望が開けるのではないでしょうか。

多宗教の協働と若者が中心になること

橋本左内

その第一は、日本宗平教の特長の一つである「多宗教の協働」をさらに積極的に推進することであると思います。その場合、従来は「宗教の違いを超えて連帯する」と言われましたが、ベトナム人民支援宗教者平和会議の時に、哲学者の古在さんに指摘された「宗教の違いを尊重して連帯する」という指摘は、同師が第二次大戦中に治安維持法によって弾圧されて獄中にあった時に、カトリックの司祭との人間的な根柢（ラディックス↓ラディカル）における一致から、お互いの人格を尊重し、獄の内外から連帯し支えあった事実から導き出された命題でありました。私の属している国際友和会（The International Fellowship of Reconciliation）は仏教・キリスト教・イスラム教・ヒンズー教やその他の宗教ならびに無神論者も加えて協働していますから、数では私たち日本宗教者平和協議会を上回っています。質的に進歩するためにも、他宗教の真理・真実を学び知って、対等に尊重することが二一世紀的な課題であると思い、私は努力しています。

二つ目は、私たちが安保闘争の中から、北海道でキリスト者平和の会を立ち上げたのは、北海道大学のキリスト者学生の祈りと運動からでありました。二〇歳代の青年たちでありました。また、日本宗平教の立ち上がりを見ても、宗教青年平和協議会が先導的な役割を果たしています。その途中で、「九〇年安保」の中で出口さんが触れておられたように、学生や若者の一部が「過激主義」に侵されて暴走し、燃え尽きた結果、自らと、その後の青年信徒の平和運動にまで悪影響を及ぼしたことは「災厄」（中国の「文化大革命」を総括した鄧小平の言葉は「十二年の災厄」であった）ともいうべきものでした。しかし、六〇年代の若者が頑張りとおして（もう七〇歳代になっていますが）、昨年のNPT再検討会議には多数の青年たちと共に参加することができました。そして、今年の「3・1ビキニデー宗教者交流集会」では、シンポジストを全員若者のキャストで行うことができることになりました。

こうして、二〇一二年には「日本宗平教結成五〇周年」を迎えます。その時までに、今年の全国理事会（総会）では役員の中にも若手が登用されて、二一世紀の日本宗教者平和協議会運動の推進役になってもらうことが待たれています。この『五〇〇号記念誌』に次いで、『日

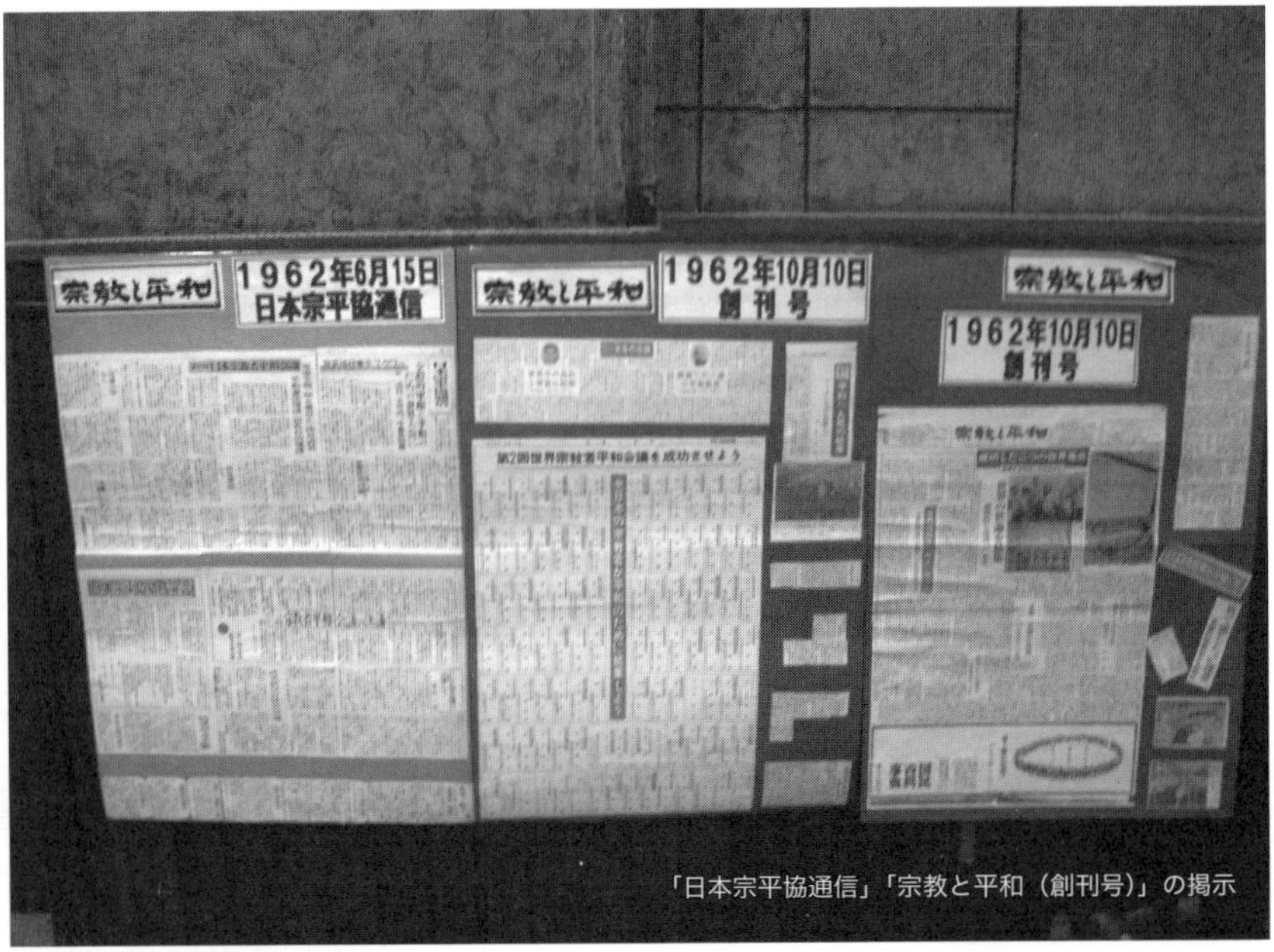

「日本宗平協通信」「宗教と平和（創刊号）」の掲示

本宗教者平和協議会五〇年史（稿）』を併せて完成させ、多宗教の協働と老・壮・青が団結して取り組む「跳躍台」として提供したいと願っています。改めて、それぞれの経典から学び直し、かつ日本宗教者平和協議会運動の歴史から新しく学びながら、団結して前進して参りましょう！

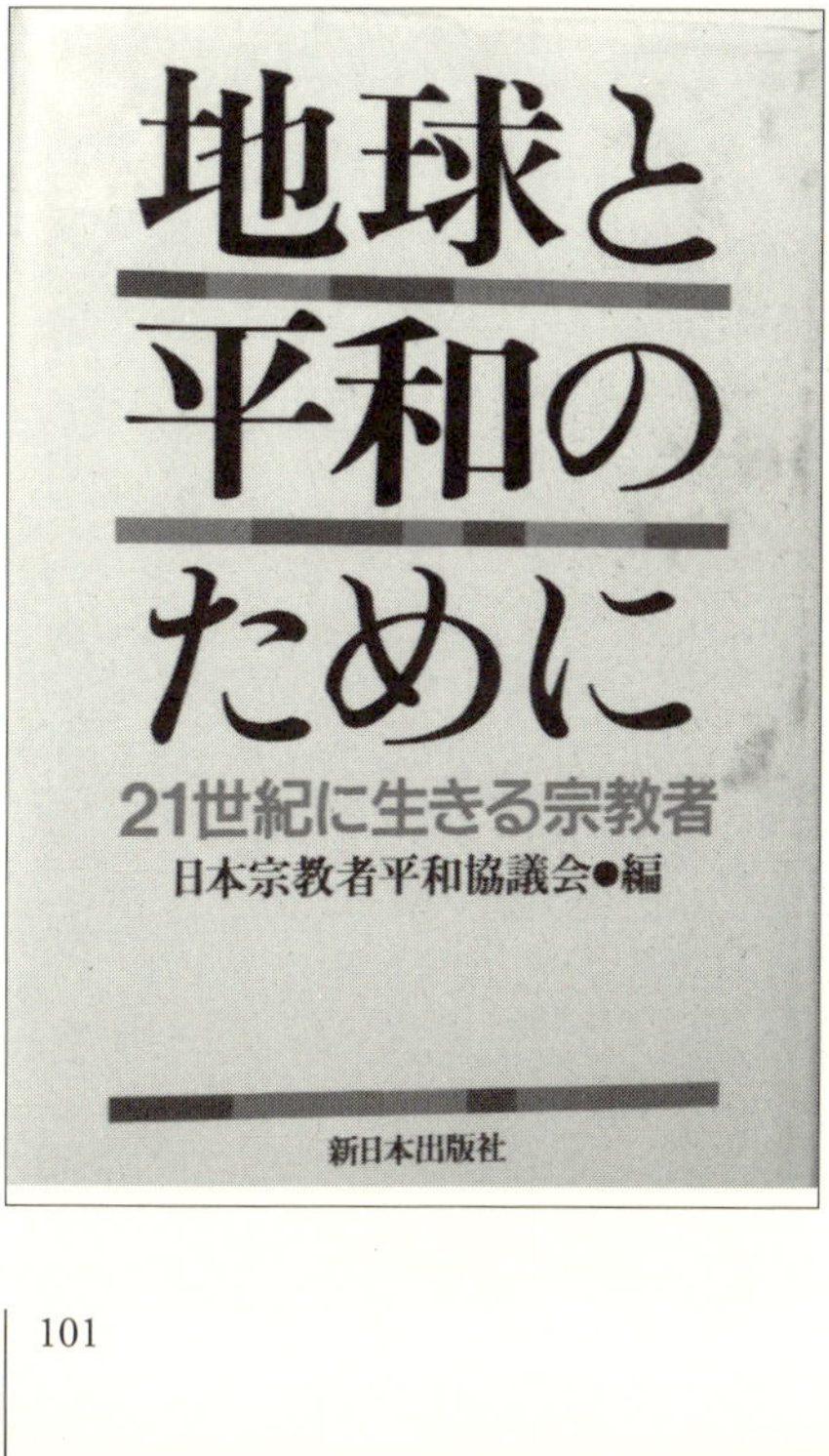

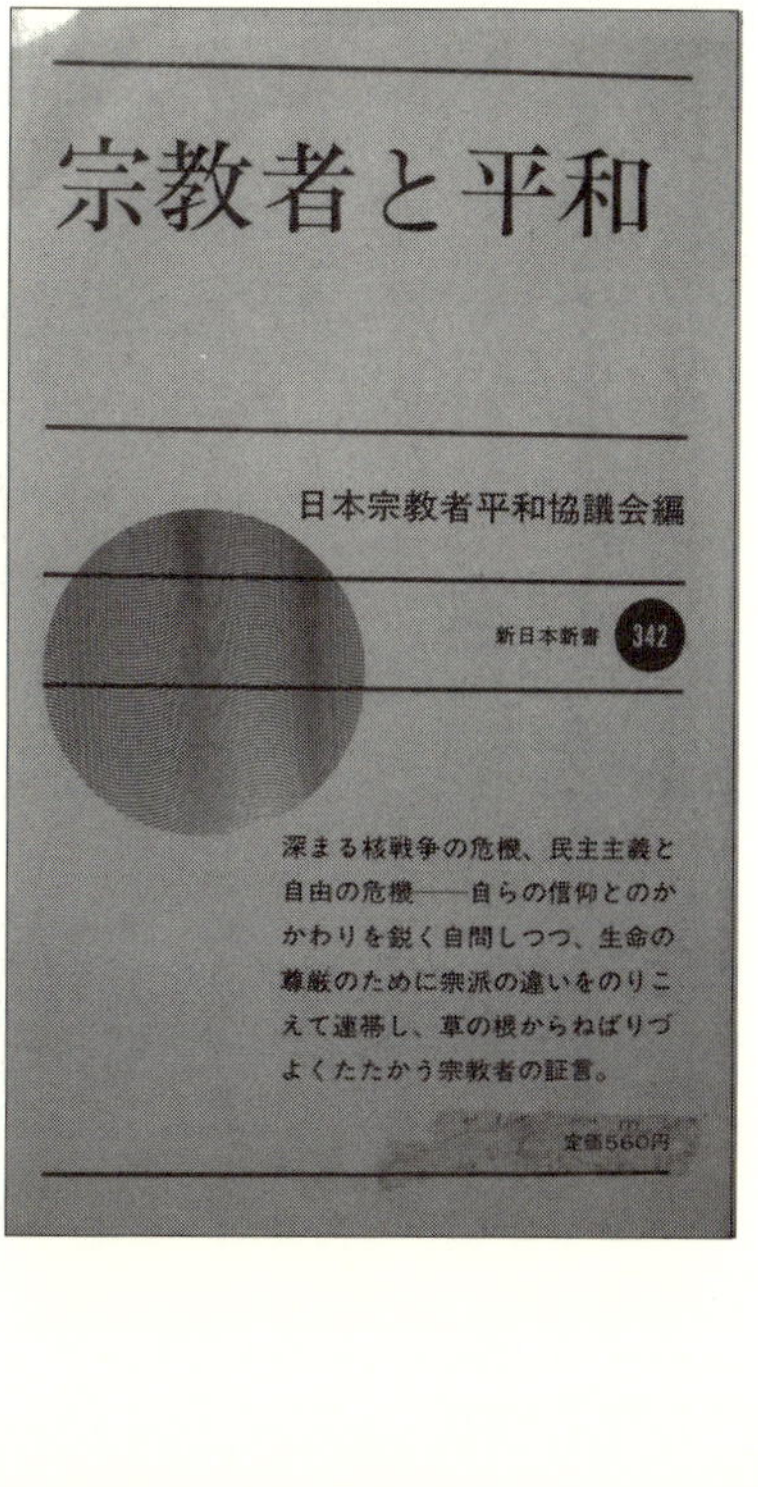

座談会参加者と編集スタッフ

あとがき

『日本宗教者平和協議会結成五〇年の歴史を振り返り、平和な世界を作り出すための将来の展望を切り拓く』ことを基調として、機関紙通巻五〇〇号記念の座談会が行われました。

一九六二年四月一一日に日本宗教者平和協議会が結成され、二〇一〇年の五月号をもって、機関紙『宗教と平和』が五〇〇号発刊となりました。このことを記念しまして、二〇〇九年、「機関紙通巻五〇〇号発行記念編集委員会」が発足し、矢口春子・船水牧夫・木村憲明・新間戒正・村上静男・小野和典の六名の編集委員で協議・諸準備をしながら進めてきました。

二〇一〇年一月一八日（月）、横浜市内のホテルを会場にして全国各地から八名が集い、宗平協の歴史的な活動、現在の課題・認識、そして未来の視点・展望等を語り合いました。

座談会参加者は、鈴木徹衆前理事長（東京）、宮城泰年代表委員（京都）、新間智照代表委員（神戸）、出口玲子常任理事（京都）、日隈威徳氏（宗教学者）、橋本左内理事長、そして、全体の司会進行を平沢功副理事長が務めました。なお、矢野太一代表委員も参加予定でしたが、体調の都合により欠席。矢野氏には、後日「紙上討論」というかたちで寄稿していただくことの了解を得ました。

前週から強烈な寒波が日本列島を覆う中で、座談会の開催そのものも心配されていましたが、幸いにして寒波も去り国際都市横浜はさながら春の様な日和に恵まれました。地元横浜在住の矢口編集委員の案内で港が一望できる公園を散策した後、会場へと向かいました。六名の参加者が一堂に会したところで、開会。

冒頭の、『日本宗教者平和協議会結成五十年の歴史を振り返り、平和な世界を作り出すための将来の展望を切り拓く』を基調として、予め各参加者には各々のテーマについての実践報告・基調提案をお願いしておき、そこからの切り出しで会を進めていくという方式をとりました。参加者個々のテーマについては次の通りです。

・宗平協結成前後…鈴木徹衆
・信教の自由（靖国問題、二・一一建国記念の日問題）
…日隈威徳
・核兵器廃絶（三・一ビキニデー、原水爆禁止運動、被爆者援護連帯）…新間智照、矢野太一（紙上）
・憲法問題（憲法九条、軍事基地問題）…橋本左内
・平和活動、国際連帯（ベトナム反戦運動、、ＣＰＣ、ＡＢＣＰ等）…宮城泰年
・人権問題（えん罪支援活動、差別解消の運動の展開等）
…出口玲子
・情勢を踏まえての今後の展望…参加者全員

座談会は、午後一時半開会から三度の休憩をはさんで午後六時過ぎまで、四時間半超に及びましたが、参加者全員の熱のこもった報告・討論により、長丁場を感じさせない迫力のある展開となりました。しかも、宗平協結成前後の状況から、人権問題までの発言で予定時間が過ぎ、会場の都合で、宗平協の今後の展望に至っては充分な発言の時間が確保できなくなり個々に発言のまとめを記述して提出していただくという形になりました。

今後、この話し合いの内容と「今後の展望」の原稿を編集しつつ、五百号記念号の前後で掲載を続けていく予定です。また、この座談会の全容につきましては、小冊子にまとめていく予定です。ご期待下さい。

機関紙五〇〇号達成という大きな節目の時期、そして、来たる二〇一二年には宗平協結成五〇年を迎えます。宗平協の歴史を刻み、創出し、支えてきた多くの先達の歩みを整理しつつ、今後の編集活動に当たる予定です。

なお、この五〇〇号記念座談会のブックレット作成にあたり、本の泉社の比留川洋・森真平両氏に大変ご尽力いただいたことを深謝いたします。（編集部・小野和典）

資料編

日本宗教者平和協議会関係年譜（略）

一九三一　新興仏教青年同盟結成
一九三九　宗教団体法制定
一九四一　第一回宗教報国大会開催
一九四二　大詔奉戴宗教報国大会
一九四四　大日本戦時宗教報国会
一九四五　敗戦
一九四六　日本国憲法公布
全日本宗教平和会議
「懺悔の表明」公表
一九四七　全日本宗教平和会議開催
一九四八　仏教社会同盟結成
一九四九　全国仏教革新連盟結成
一九五〇　宗教人懇談会（京都）結成
一九五一　日本キリスト者平和の会設立
仏教者平和懇談会（東京）設立
一九五二　キリスト者平和運動協議会結成
中国人俘虜殉難者実行委員会
一九五三　日本山妙法寺内灘反対闘争参加
一九五四　第五福竜丸被災（ビキニ環礁）
一九五五　第一回原水爆禁止世界大会
日中仏教交流懇談会発足
一九五七　日中両国仏教徒による「原水爆禁止・軍備撤廃」の共同声明
一九五九　NCC・全日本仏教会が「伊勢神宮国家護持反対決議」
仏教者平和協議会・京都仏教徒会議が安保反対、憲法擁護決議
一九六〇　仏教各宗、「伊勢・靖国」特別立法化に反対
キリスト教平和運動協議会・日本山妙法寺など安保反対声明
一九六一　第一回世界宗教者平和会議

京都宣言採択

一九六二　宗教者青年平和協議会結成

日本宗教者平和協議会発足

機関紙『宗教と平和』創刊号

第一回日本宗教者平和会議開催

世界青年学生平和友好祭（ヘルシンキ）

一九六三　第二回日本宗教者平和会議開催

北海道キリスト者平和の会「恵庭事件」

に取り組む

一九六四　宗平協主催

第一回久保山愛吉氏墓前祭

第二回世界宗教者平和会議

東京宣言採択

日中友好各界青年代表団参加

一九六五　宗平協　ベトナム侵略戦争に抗議する

座り込み

第一回日中青年友好大交流に

宗教者青年協議会参加

一九六六　紀元節問題連絡会議発足

日本宗教青年学生平和会議

一九六七　「北爆に反対する仏教徒の声明」

（四十七師アピール）発表

「建国記念の日」制定反対集会

一九六八　靖国問題連絡会議発足

『英霊への召集令状』刊行

『現代に生きる宗教者の証言』

（新日本出版社）発刊

一九六九　靖国神社国家護持法案反対運動

「思想と信教の自由を守る全国大会

東京集会」

第五回日本宗教者平和会議　神戸開催

一九七〇　ＷＣＲＰ世界宗教者平和会議

京都開催

ＡＢＣＰアジア仏教徒平和会議発足

『民主主義と宗教』（新日本出版社）刊行

「激動する70年代にこたえる宗教者

日本平和大会」開催

一九七一　「沖縄の全面返還を要求する声明」発表

一九七二　宗青協パンフ『靖国神社の国営化と日本軍国主義』発行
「平和憲法を守り軍国主義に反対する第六回宗教者平和会議」
第二回ABCPスリランカ開催
インドシナの平和と正義のための世界集会〈東京〉開催
宗平協結成一〇周年
一九七三　宗教青年問題全国集会開催
カンボジア人民支援連帯国際会議に宗平協代表参加
一九七四　第三回ABCPインド開催
「建国記念の日」反対アピール
一九七五　広島長崎被爆三〇周年にあたり日本宗教者へのアピール発表
宗青協ベトナム人民支援活動
一九七六　宗平協結成十四周年パネル討論会開催
核兵器完全禁止国連第二次要請代表団に宗平協代表参加

一九七七　被爆シンポジウムを成功させる宗教者懇談会開催
一九七八　宗平協結成一五周年祝賀会開催
NGO軍縮会議（ジュネーブ）報告集会
「有事立法」阻止声明発表
一九七九　ABCPベトナム・カンボジア調査団に代表参加
第五回ABCPモンゴル会議
一九八〇　「宗教と平和フォーラム」
ベトナム、カンボジア訪問
一九八一　「軍備撤廃・核兵器廃絶をめざす世界宗教者集会」東京開催
一九八二　SSDⅡに日本宗教者代表団82名参加（NY一〇〇万人集会）
宗平協結成二〇周年全国会議
一九八三　大西良慶会長逝去
三・一ビキニデー宗教者交流会
「反核日本宗教者平和集会」開催

一九八四　ビキニ被災三十周年墓前祭
一九八四　『宗教者と平和』出版
一九八五　藤井日達師逝去
日本宗平協全国総会開催
シンポ『第二次大戦の教訓と
戦後四〇年…宗教者平和運動』
一九八六　日本宗平協全国理事会（京都）
ＡＢＣＰ第七回総会
一九八七　宗平協結成二五周年
「平和と民主主義を創造する
日本宗教者平和会議」開催（東京）
一九八八　『平和の祈りを行動の波へ』…
日本宗教者平和会議（京都）開催
「宗教者も消費税に反対です」
ＳＳＤⅢ宗教者一三名参加
一九八九　「天皇問題と宗教」研究会（東京）
被災三五年墓前祭
天安門事件で抗議
一九九〇　即位礼・大嘗祭を考えるつどい
八・五宗教者広島集会
一九九一　湾岸戦争阻止国際共同行動
シンポ「中東の公正な平和を」
ＰＫＯ法案強行採決抗議声明
一九九二　宗平協結成三〇周年拡大全国理
一九九三　被災三九周年墓前祭
広島・長崎からのアピール署名
『地球と平和のために』
（新日本出版）刊行
一九九四　小選挙区制反対運動
宗平協ブックレット『宗教者の
戦争責任、懺悔・告白資料集』刊行
一九九五　阪神・淡路大震災救援活動
一九九六　沖縄問題をメインテーマに日本宗教者
平和会議（大阪）開催
一九九七　「宗教者沖縄ツアー」実施
宗平協結成三五周年
機関紙『宗教と平和』３５０号
一九九八　米軍基地反対連帯アピール

米海兵隊実弾射撃の監視行動に参加
（東富士）

一九九九　イラク攻撃への抗議声明
「国旗」「国歌」法制化反対声明
ハーグ世界平和市民会議参加
「新ガイドライン関連法案」反対

二〇〇〇　国連ミレニアムフォーラム参加
「政教一体批判シリーズ」連載
「神の国」「国体」発言抗議
教育基本法改悪反対表明

二〇〇一　「結成四〇周年の歩みの中から」
連載開始（鈴木徹衆）
宗教者平和会議広島アピール
「有事法制政府見解」に抗議

二〇〇二　宗教者ネット結成参加
日本宗教者平和会議・結成四〇周年
記念祝賀会開催
アジア仏教徒平和会議（ラオス）
イラク攻撃即時中止声明

二〇〇三　有事法制反対声明
日本宗教者平和会議（岐阜）
被災五〇年三・一ビキニデー
『九条の会』発足　アピール
教育基本法改悪阻止全国集会

二〇〇四　日本宗教者平和会議（東京）
葛飾ビラ配布弾圧事件
「宗教者九条の和」発足
ＮＰＴ再検討会議要請行動参加

二〇〇五　被爆六〇年原水爆禁止世界大会
『宗教と平和』三月で４５０号
「憲法と私」連載

二〇〇六　日本宗教者平和会議（大阪）
教育基本法改悪強行採決抗議
国民投票法案廃案へむけて
国民平和大行進五〇周年

二〇〇七　宗平協結成四十五周年レセプション
記念講演（鈴木徹衆）
日本宗教者平和会議（札幌）開催

二〇〇八　葛飾ビラ弾圧事件要請行動
「新　宗教時評」連載
九条世界会議（千葉）開催
日本宗教者平和会議（横須賀）
二〇〇九　マレーシア原爆展参加
日本宗教者平和会議（金沢）
葛飾ビラ配布弾圧事件不当判決
機関紙『宗教と平和』５００号記念
座談会開催（横浜）
二〇一〇　ＮＰＴ再検討会議要請行動ＮＹ

平和憲法を死守する

新春対談

民衆の精神育てよ

96才の大西会長が語る

大西良慶・細井友晋対談

年とるとアホなこと考える

細井　管長さんは、今年は九十六歳になられ、文字通り、日本宗教界の最長老でおられますが、お元気ですね。二、三年前とちっとも変ってませんが。

大西　いや年をとるとあかんね。目が悪うなる、耳が聞こえんようになる。気が衰えるな。何をきいても、きいた勢いでつられるが、あとで独りになると、後へひきよるね。これは老衰やな。そのかわり腹たたへんな。若い頃は、あとで前進しおる。どうやったらケンカするかを考えたもんやが、しかし、年をとると後退しおる。つまり好好ヤになるやな。

細井　好々ヤですか（笑い）。仏さまに近づくのでしょうね。

大西　いや笑うてるけど、あんたも、九十になったら気つけなあかんな。

細井　わたしらは九十まではとても無理でしょうね。管長さんは特別のお方です。普通なら六十歳でそうなるものですね。

細井　わしら熟手やな。しかし、九十をすぎるとアホなことを考える。あかんね

細井　あかん、あかんとおっしゃいますが、あなたは並みはずれていますよ。

大西　年とるとアホなこと考える。先日もモチをもらい、棚に上げて二ツたべた。これでノドにでもつかえてしもうたら、おしまいやで。みっともないわ。やはり若い人にきてもらわにゃ。年寄りばかり相手にしていると、「死ぬ」ことや「極楽」とかの話しか出てこない。あかんやな、羅漢さんの彫り出しものみたいな人ばっかり見てると、あかんやね。

細井　もっと宗平協の若い人たちが会長を訪問しなければいけませんね。

憲法を守る

細井　今年はいろいろと大変な年ですね。安保・沖縄の問題を中心にして激動する年でしょう。私たちも決意をあらたにしておりますが、会長さんはどう思われますか。

大西　ほんまのこと言うたら今の政府なんてあかんやな。アメリカに引きずられてる。沖縄もかえすかえすとアメリカは言うが、帰してもらえないし、安保（条約）も引きつづきおる。ベトナムにB52を飛ばし人殺ししているのに何もできない。これじゃアメリカの属国あつかいや。

佐藤さんも、ワシントンでホワイト・ハウスみせてもろうて、頭なでられ、骨ぬきになって帰ってきよるね。南ベトナムのグエン・カオキや韓国の朴なども、みなアメリカにつれていかれて、頭なでられ、骨ぬかれた。

安保、安保と威勢のいいことばかり言うてたらあかん。憲法を守ること、これに宗教者は生命をかけてほしい。せめて、これだけは各宗で力をあわせてがんばってほしい。これを忘れるようなことじゃあかんのや。

細井　全くおっしゃる通りですね。宗平協もこの問題に力を入れてきています。

大西　いろいろ言うのはいいが、見とおしをもたにあ。憲法を守ること、これを死守することが、当面の宗教者の使命やの。

細井　いまの宗教界についてどう思われますか。

大西　全くですね。いずこもあかんな。日蓮宗はいい。ケンカなら細井さんにまかせておるが。なんでもかまへんわ、ケンカなら、日蓮宗や、本願寺さんも大きいが、ケンカしてへん。議会へ議員出して、その頭なでている。まあ、いつの時代

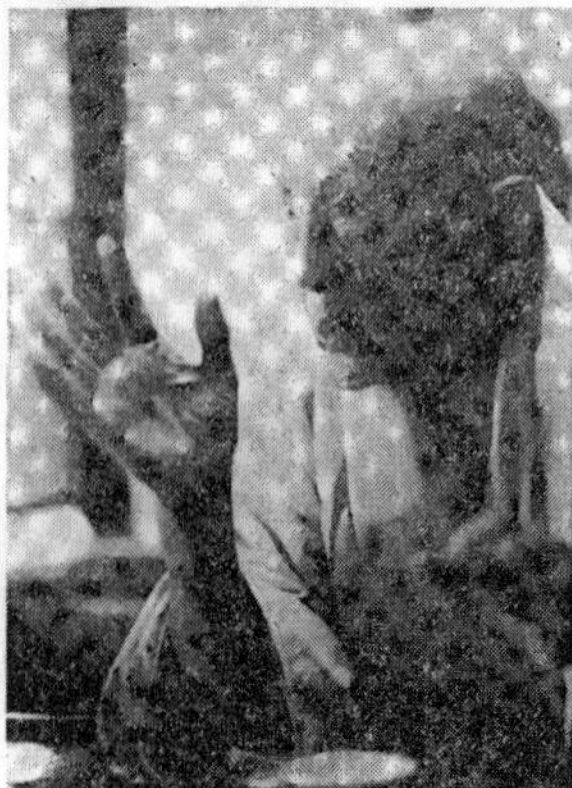

核兵器の廃絶は人類的目標

久保山さんの墓と 福竜丸が我々に示すもの

「東京港に廃船となっている第五福竜丸の姿と、焼津の久保山さんのお墓とは、私たちに対して、私たちがいま何をなすべきか、どの道を歩むべきかを正確に指し示していると思います」――美濃部東京都知事はきっぱりと言われました。また美濃部知事は、「一九七〇年の現実は、日本国民にとっていよいよアジアの平和と民主主義にかかわる重大な選択の時が近ずいている」ことを強調しておられます。（編集部）

美濃部亮吉・壬生照順対談

壬生　一千万都民の首長として日夜御尽力されている美濃部知事さんには、まずご苦労様と申し上げたいのです。毎日たいへんなことと存じます。私たちが請願したいくつかの問題だけみても、朝鮮大学校の認可や王子のアメリカ軍の野戦病院の移転などに対するご決断やご努力は、すばらしかったと思います。また最近では公営ギャンブル全廃の決意はとくに宗教者として双手をあげて賛成し実現に積極的に応援したいのです。

核基地化など平和問題は、佐藤自民党政府の日米共同声明以来、前途が暗くなり、アジアの諸国民に不安を与えています。日本の人民とくに私たち宗教者たちはアジアにベトナムをはじめラオス、カンボジアなどの宗教者の仲間を多くもっておるので、ひしひしと核戦争への危機感を感じております。

こうした中で、今年の三・一ビキニデーを迎えますので、今年の三・一は非常な重要性があると思います。その点でご所感をおきかせ願いたいと思います。

人類の未来への前提

美濃部　核兵器をこの地上か

世界の明日の平和を語る

「非暴力主義は今日のアメリカの戦争政策を肯定するような、そんなことであってはならない」八十六才の藤井日達師は語る。日本山妙法寺をおこし、仏教の実践ひとすじに捧げたその生涯……師の唱題目の響きは、この世のものとは思えぬ。厳しさの中にも慈眼がやさしく光る。きき手は同じく日蓮宗の立場から平和運動の実践に加わり長年、日本山妙法寺の研究を深め、新しい宗教民族主義の誕生を期待する中濃教篤師。（編集部）

対談

・日本山妙法寺大僧伽山主
藤井日達

・日蓮宗領玄寺住職
中濃教篤

○光はアジアから○

中濃　宗平協の日本大会には、非常に有益なお話をして頂き、みんな感激しておりました。改めてお礼申し上げます。今度、またインドへおいでになるそうですね。

藤井　今、仏教民族部落が宗旨をかえないまま三つとかインドにあるそうです。それが今度は憤然としてたちます。この人達は今まで本当に暴力やら権力やらで圧迫されきっていたのです。そのためにややもするとヒンドゥーの宗教政策が悪かったというようなことから、ヒンドゥーに反感を持ち攻撃を起こします。もっともであります。けれども、そんなことをしては今の世に仏教徒は何の役にも立ちません。

仏教徒は全力を上げてインドを戦争政策から純然たる平和政策に変えて行かなくてはいけない。その中心を作りたいと思います。そうするとインドの仏教徒と日本の仏教徒との連絡がとれます。インドも仏教徒になると予想される被圧迫民が一億いるようであります。これが結束しますと本当に仏様の不殺生戒を奉じて、暴力を否定し正義の言葉をはいて、インドに立てます。

インド民衆はガンディーのあの非暴力運動を成功させた民衆でありますから、今ではヒンドゥー教という形をとっておりますが、この仏様の不殺生戒に帰依するのは難しい問題ではありませんから、それでそれをやるとアジアから光がさす、という気がいたします。

それならアジアを除いて、他に世界平和を作るという起点が見出されるかというと、どこにもありません。アメリカは御承知のように駄目です。それではアジア、といっても中国は文化大革命で戸惑っており、勢力や権力はアジアで持つかも知れない、そして世界にも手を延ばすかも知れませんけれども、それは昔ジンギスカンがやったのと同じ轍を踏みます。

平和の光を永久的に照らし続けさせるものは〈法の征服〉ということ、それは〈平和建設〉ということです。これをアジアのどこでするかといえば、やはりインドでしょう。インドを中心に結束します。そして仏教を

藤井日達・中濃教篤対談

宗平協《しゅうへいきょう》ブックレット2
平和《へいわ》の祈《いの》りを行動《こうどう》の波《なみ》へ
「宗教《しゅうきょう》と平和《へいわ》」500号記念座談会《ごうきねんざだんかい》

編者●日本宗教者平和協議会《にほんしゅうきょうしゃへいわきょうぎかい》　橋本左内《はしもとさない》

2011年3月10日　初版第1刷発行

発行者●比留川洋
発行所●株式会社　本の泉社
〒113-0033
東京都文京区本郷2-25-6
TEL.03-5800-8494
FAX.03-5800-5353
mail：mail@honnoizumi.co.jp
www.honnoizumi.co.jp/
DTP●森　真平
印刷●株式会社 エーヴィスシステムズ
製本●株式会社 村上製本

Printed in Japan ISBNISBN978-4-7807-0612-3